Umschlag und Gestaltung: Barbara Globig
Umschlagfoto: Jan Gympel
Fotos: Jan Gympel, außer S. 1, 26/27: Landesbildstelle Berlin;
60/61: BVG; 12/13, 36/37: Archiv des Verlages
Satz: Eigensatz
Belichtung: MSP Satz + Grafik GmbH, Berlin
Druck und Bindung: Grafische Werkstatt von 1980 GmbH, Kassel
Redaktionsschluß: 15. 9. 1993

Printed in Germany
EP 502
ISBN 3-88530-502-5

ELEFANTEN PRESS
Am Treptower Park 28–30
12435 Berlin

Gedruckt auf 100% chlorfreiem Papier.

Die Deutsche Bibliothek – CIP-Einheitsaufnahme

Gympel, Jan:
Tunnel mit Tiefgang : mit der U-Bahn durch Berlin /
Jan Gympel. – Berlin : Elefanten Press, 1993
(EP ; 502)
ISBN 3-88520-502-5
NE: GT

Jan Gympel

TUNNEL MIT TIEFGANG

Mit der U-Bahn durch Berlin

ELEFANTEN PRESS

Inhalt

U
U-Bhf Schönleinstraße
Plus

1

Abenteuer im Untergrund

Dieses Buch fordert zur Verletzung der Beförderungsbedingungen der Berliner Verkehrs-Betriebe auf. Denn strenggenommen dürfen die Bahnsteige »nur zum sofortigen Fahrtantritt betreten werden. Nach Beendigung der Fahrt ist der Bahnhof unverzüglich zu verlassen. Das bloße Verweilen im Bahnhofsbereich (einschließlich der Zugangsbauwerke) ist nicht gestattet«. Bei Zuwiderhandlungen wird mit einer Anzeige wegen Hausfriedensbruchs gedroht. Natürlich ist dieser Passus in erster Linie eingefügt worden, um für alle Eventualitäten gerüstet zu sein, ähnlich der Möglichkeit, »Personen, die erheblich unter dem Einfluß geistiger Getränke oder anderer berauschender Mittel stehen«, von der Beförderung auszuschließen.

In der Praxis dienen manche U-Bahnhöfe vor allem zur Mittags- und frühen Nachmittagszeit als Aufenthaltsräume Jugendlicher, die offenbar noch keine Lust haben, von der Schule nach Hause zu gehen, und statt dessen – auch bei warmem, trockenem Wetter – auf einer Wartebank mit ihrer Clique zusammenhängen, Zärtlichkeiten mit ihrer jüngsten Eroberung austauschen oder auf Freunde warten. Solange sie sich ruhig verhalten, werden sie ebensowenig hinausgeworfen wie jemand in angetrunkenem Zustand oder jemand, der sich einen Bahnhof genauer ansieht – es sei denn, den Aufsichts- oder Sicherheitskräften ist gerade eine Laus über die Leber gelaufen.

Daß dies eintritt, während wir auf unseren Erkundungstouren mit der Berliner U-Bahn unterwegs sind, wollen wir nicht hoffen. Schließlich ist es nicht unsere Absicht, über Rolltreppen zu hasten und von Bahnsteig zu Bahnsteig zu eilen, sondern einzutauchen in den Mikrokosmos Berliner U-Bahn: genauer hinzusehen, den Blick zu schärfen für Alltägliches, für die oft unscheinbaren Dinge, an denen man vielleicht schon zahllose Male achtlos vorbeigelaufen ist, die aber in Wirklichkeit viel über die Geschichte dieses Verkehrssystems, der Stadt, des Landes und der Leute erzählen können. Verblüffende Entdeckungen garantiert dieser Abenteuertrip im Untergrund allemal.

Praktische Hinweise

Noch ist die Erkundung der Berliner U-Bahn übrigens zu einem ungewöhnlich günstigen Preis möglich: Das mit 134 Kilometern Linienlänge* größte deutsche U-Bahn-Netz kann man, ebenso wie alle anderen Verkehrsmittel im Raum Berlin (ausgenommen Überlandbusse und gewisse Sondereinsätze), für 3,20 DM zwei Stunden lang benutzen, egal, wie oft man umsteigt, die Reise unterbricht oder hin- und herfährt. Im ehemaligen Ostteil der Stadt sowie in der Ex-DDR zahlt man sogar nur 2,80 DM (»Tarif B«), im ehemaligen Westen gelten diese Fahrscheine nur für Ex-DDR-Bürger. Schwerbehinderte und Kinder zahlen 2,10 DM bzw. 1,80 DM, genausoviel kostet der Kurzstreckentarif, der bei U- und S-Bahn für drei Stationen gilt (hier sind Fahrtunterbrechungen verboten). Noch billiger wird's in jedem Fall mit Sammelkarten, und am günstigsten ist sicher das 24-Stunden-Ticket zum Ost- wie Westpreis von 12 DM für Erwachsene inklusive einem Kind, 6 DM für ein weiteres Kind. (Alle Angaben auf dem Stand vom Sommer 1993.) Kostenlose Übersichtspläne vom U- und S-Bahn-Netz gibt es an allen Fahrkartenschaltern, oft auch bei den Zugabfertigern, die man freilich erst ansprechen sollte, wenn der Zug den Bahnhof verlassen hat. Weitere Informationen erteilt der Kundendienst der Berliner Verkehrs-Betriebe (BVG) unter der Telefonnummer 7 52 70 20.

Schließlich noch ein Wort zur Sicherheit in der Berliner U-Bahn, die kaum geringer ist als auf der Straße und in jedem Fall viel größer, als es gewisse Boulevardblätter ihren Lesern immer wieder einreden wollen, wenn gerade keine anderen schrill aufzumachenden Themen zur Verfügung stehen. Natürlich sollte man auf seine Taschen achten, nicht auf alte Tricks wie den mit der Eisbekleckerung hereinfallen, nach der einen der reuige Sünder beim Säubern der Jacke auch gleich noch um die Geldbörse erleichtert. Und natürlich gibt es bestimmte Kriminalitätsschwerpunkte wie die Bahnhöfe Zoo, Alexanderplatz oder Lichtenberg,

Genau hinsehen: Links sind die Fliesen auf dem Bahnhof Alexanderplatz echt, rechts nur angemalt.

der nicht zuletzt als Tummelplatz Rechtsradikaler berüchtigt ist, die jedoch mehr im S- und Fernbahnbereich zu finden sind. Davon, daß dort die U-Bahn-Benutzung besondere Gefahren für Leib und Leben birgt, kann jedoch keine Rede sein. Zwar wurden 1992 insgesamt 201 tätliche Angriffe auf Fahrgäste registriert, aber die Zahl ist rückläufig und im Verhältnis zu 474 Millionen »Fahrgastfahrten« verschwindend gering. Noch immer ist es weitaus riskanter, sich in ein Auto zu setzen als in eine U-Bahn. Bloß daß die Kfz-Geschädigten achselzuckend als Opfer auf dem Altar unserer Automobilitätsversessenheit hingenommen werden.

* Stand: Sommer 1993, als ein Gleis immer nur von einer Linie befahren wurde; die Bauwerkslänge liegt bei rund 150 Kilometern.

S. 1: Einfahrt zum Treptower Spreetunnel, 1899 erbaut

Ein Tunnel im Grünen

Der lange Weg zum ersten Zug

Wer an der Oberbaumbrücke, wo einst der erste Berliner U-Bahn-Zug seine Fahrt begann, die momentan noch unterbrochene Hochbahnstrecke kreuzt, die laute und stinkende Stralauer Allee hinunterläuft und sich auch weiterhin geradeaus hält, wo die meisten Autos zur Elsenbrücke abbiegen, gerät auf eine idyllische Halbinsel zwischen grauen Mietskasernenvierteln und Industriegebieten. Hier, auf Stralau, ist aus der tosenden Stralauer Allee die ruhige Straße Alt-Stralau geworden. Ab der Kirche, deren Turm seit einem Luftangriff im Zweiten Weltkrieg etwas schief steht, heißt sie Tunnelstraße, bis sie kurz vor der Spree endet – in einer Sackgasse, nicht in einem Tunnel. So erscheint der Straßenname auch den meisten Berlinern rätselhaft. Er erinnert daran, daß hier vor rund 100 Jahren der erste öffentlich nutzbare Bahntunnel Berlins entstand, als Teil des zwanzigjährigen Kampfes um die U-Bahn in der damaligen Reichshauptstadt.

Eigentlich hätte Berlin alle Chancen gehabt, die erste elektrische Untergrundbahn der Welt zu erhalten. Schon 1866 hatte der Erfinder und Industrielle Werner Siemens (bis 1888 ohne »von«) hier das elektrodynamische Prinzip entdeckt, danach den Elektromotor entwickelt und 1867 erste Pläne für eine Hochbahn entwickelt. 1879 demonstrierte er dessen praktische Anwendung auf der Gewerbeausstellung am Lehrter Bahnhof: Auf einem 300 Meter langen Rundkurs soll die erste funktionsfähige E-Lok der Welt (drei PS, sieben Stundenkilometer Höchstgeschwindigkeit) in vier Monaten über 86 000 Personen befördert haben.

Nach der erfolgreichen Erprobung seines revolutionären Antriebssystems machte er im Februar 1880 einen erneuten Vorstoß und schlug eine »Säulenbahn« durch die Müller-, Chaussee- und Friedrichstraße vom Wedding zum heutigen Mehringplatz vor. Auf je einer einfachen Reihe Stützen, an Stelle der Straßenlaternen an den Bordsteinkanten plaziert, sollten in 4,50 Meter Höhe die Schienen für die kleinen Wagen installiert werden. Für die Haltestellen wollte man Räume im ersten oder zweiten Stock der angrenzenden Häuser mieten, von denen aus eine einfache Brücke den Zustieg zu den davor verlaufenden Viadukten ermöglicht hätte.

Dieses Konzept war in mancher Hinsicht unausgegoren. Siemens hatte das wachsende innerstädtische Verkehrsaufkommen und damit den Bedarf nach einer neuen Antriebsart jenseits der langsamen, leistungsschwachen Pferde und der schmutzigen, schwerfälligen, wegen ihres Gewichts auch massive Viadukte erfordernden Dampfloks zwar richtig erkannt: Von 1875 bis 1905 sollte sich die Zahl der Fahrgäste im öffentlichen Personennahverkehr Berlins etwa alle fünf Jahre verdoppeln, lag sie 1875 noch bei 32,2 Millionen, so war sie 1890 schon auf 234, 1905 schließlich auf 826 Millionen angewachsen. Aber auch Siemens' »Säulenbahn« mit ihren für 15 Personen konzipierten Solowagen war dafür nicht ausgelegt. Auch die nach Fahrtrichtung voneinander getrennte Anordnung der Schienenstränge war problematisch. Wohl konnte man damit Befürchtungen entkräften, die schmale Friedrichstraße könne durch die Hochbahn völlig verbaut werden. Die Sorgen der Hausbesitzer, ihre Immobilien könnten durch die Erschütterungen der Bahn Schaden bis hin zum Einsturz nehmen, wurden so aber erst recht genährt.

Die Proteste und Petitionen der Anlieger ließen dann auch Siemens' Plan schnell scheitern. Auch der bereits im Juli 1880 vorgelegte zweite Entwurf, nun gleich für ein ganzes Netz von Hochbahnen, führte nicht zum Erfolg. Wohl vor allem, um sich des lästigen Themas zu entledigen, schlug das Polizeipräsidium, das bis zum Ende der Monarchie in der Berliner Stadt- und Verkehrsplanung die Schlüsselrolle spielte, vor, eine »von der Mitte der Stadt weiter entlegene, breitere Straße, insbesondere die Gitschiner und Skalitzer Straße« für die Anlage einer Hochbahn in Betracht zu ziehen.

Die Straßenbahn – ein Abfallprodukt

Bevor es dazu kam, versuchte Siemens erst einmal an anderer, noch weiter vom damaligen Stadtkern entfernter Stelle, die Zweifel an der Funktionstüchtigkeit seines Verkehrssystems auszuräumen: Am 16. Mai 1881 fuhr im damals noch selbständigen Lichterfelde die erste, regelmäßig öffentlich verkehrende elektrische Bahn der Welt. Die 2,45 Kilometer lange Strecke zwischen dem Lichterfelder Anhalter Bahnhof (heute »Lichterfelde Ost« und zur Zeit noch stillgelegt) und der damaligen Hauptkadettenanstalt in der Finckensteinallee (heute Andrews Barracks) hatte eine Spurweite von 1.000 Millimeter, der Strom mit einer Spannung von nur 180 Volt wurde über die Fahrschienen zugeführt – alles genau so, wie Siemens es für seine »Säulenbahn« geplant hatte. Ausdrücklich wollte er die Anlage auch als »von ihren Säulen und Trägern genommene Hochbahn« verstanden wissen. Die Straßenbahnen, wie wir sie heute kennen, sind also gewissermaßen ein Abfallprodukt des Kampfes um die Hoch-, schließlich auch Untergrundbahn in Berlin.

Doch obwohl der Berliner Magistrat »großes Interesse« an seinen Vorschlägen äußerte, wurde auch Siemens' 1883 eingereichter Entwurf für eine Hochbahn durch die Leipziger Straße – nun auf einem die gesamte Straßenbreite überspannenden Viadukt – abgelehnt.

Erst 1891 kam es zu einem erneuten Vorstoß. Diesmal nicht nur von Siemens, sondern auch von der Konkurrenzfirma AEG. Siemens folgte weiterhin der in Berlin allgemein verbreiteten Auffassung, wegen des hohen Grundwasserstandes und des sandigen oder sumpfigen Bodens seien an der Spree nur Hochbahnen denkbar.

Die AEG schlug dagegen in Anlehnung an die ein Jahr zuvor in London eröffnete erste elektrische Untergrundbahn der Welt ein System von Röhrenbahnen in großer Tiefe vor. Zusammen mit der Baufirma Philipp Holzmann und der Deutschen Bank als Hauptpartnern in der »Gesellschaft für den Bau von Untergrundbahnen« beschloß der Elektrokonzern, einen Probetunnel unter der Spree hindurchzubohren, und zwar an einer ihrer breitesten Stellen. Im Sommer 1895 wurde mit den Vorarbeiten dafür angefangen, im Februar 1896 der eigentliche Bau begonnen – später als ursprünglich geplant. So war zur im Herbst des gleichen Jahres veranstalteten Gewerbeausstellung im Treptower Park erst ein 160 Meter langes Teilstück fertig, das die Besucher auch begehen konnten. Die Fertigstellung der vier Meter durchmessenden Röhre, deren lichte Weite auf Grund der Isolierung 3,80, nach manchen Quellen auch nur 3,76 Meter, betrug, erfolgte im Februar 1899. Am 18. Dezember des gleichen Jahres wurde sie nach einem dreimonatigen Probebetrieb mit einer Straßenbahnlinie vom heutigen Hauptbahnhof zum Treptower Tunnelausgang dem öffentlichen Verkehr übergeben. Bis zum 15. Februar 1932 fuhren die speziellen »Tunnelwagen«, die wegen des geringen Durchmessers der Röhre kleiner waren als normale Trams, durch den Tunnel, der 454 Meter, mit den Rampen 582 Meter, lang war und dessen Tunnelsohle an der tiefsten Stelle zwölf Meter unter dem mittleren Wasserspiegel der hier 192 Meter breiten Spree lag. Nach über dreißig Jahren hatten sich erste Schäden gezeigt, die sich wegen der niedrigen Fahrgastzahlen – zumal inmitten der Weltwirtschaftskrise – zu beseitigen nicht lohnte. 1936 eröffnete man den Tunnel nach einer Instandsetzung dann doch nochmal, allerdings nur für Fußgänger. Nach Bombenschäden wurde er gegen Kriegsende schließlich gesprengt, 1968 seine Reste beseitigt. Doch auch 25 Jahre danach ist in der Stralauer Tunnelstraße noch der Mittelstreifen erhalten, auf dem sich – am Lokal »Spreetunnel« – einst die Rampe Richtung Treptow befand.

S. 12/13: »Eine Zukunftsstraße von Berlin«
(Zeichnung von H. Lüders, 1882)

Absichtlich am Verkehr vorbei

Während die Röhrenbahnpläne der AEG eine Episode blieben, war dem neuerlichen Vorstoß von Siemens aufgrund der Stadtentwicklung ein dauerhafter Erfolg beschieden. Man schielte nun vor allem auf den Verkehr zwischen Berlin und seinen reichen Nachbarstädten Charlottenburg und Schöneberg, in die immer mehr wohlhabende Hauptstädter zogen. Mit der Anknüpfung der Hochbahn an die 1882 eröffnete Stadtbahn schuf man eine südliche Ergänzung zu dieser Ost-West-Verbindung, die das Berliner Geschäftszentrum nördlich tangierte. Die Strecke versprach sich aber auch nur zu rentieren, wenn man sie als eine solche Entlastungslinie anlegte. Die Skalitzer und die Gitschiner Straße, durch die man die Hochbahn nun führen wollte, waren damals verhältnismäßig verkehrsarme Gegenden am Südrand der Stadt. Nicht zuletzt deshalb hatte das Polizeipräsidium sie schon zehn Jahre zuvor für die Linienführung vorgeschlagen (und stand dem dortigen Bau wohlwollender gegenüber als dem der beiden anderen von Siemens & Halske gleichzeitig projektierten Strecken). Außerdem waren es breite Straßen in relativ armen Vierteln, auf deren Anwohner man nicht soviel Rücksicht nahm wie etwa in der Friedrichstadt. Prompt sorgte man sich auch, daß die Hochbahn den »ruhigen Charakter« des feinen Tiergartenviertels beeinträchtigen könnte. Also wurde die Hochbahn, die von der Zossener bis zur Lichtensteinbrücke platzsparend am Landwehrkanal entlanglaufen sollte, an der Nobelgegend vorbeigelenkt. Damit konnte man zugleich den Fehler in der Berliner Stadtentwicklung etwas ausbügeln, den das riesige Gelände des Anhalter und Potsdamer Güterbahnhofs bedeutete.

Dieser Keil, der sich – zusammen mit den weiteren Bahnanlagen entlang der jetzigen S 2 – bis heute zwischen die südlichen Siedlungsgebiete schiebt, sollte nun von der Hochbahn buchstäblich überbrückt werden.

Mit dieser bereits 1892 erfolgten Verschiebung der Hochbahn nach Süden, also noch weiter von der Berliner City weg, wurde ihr auch der Abstecher zum Potsdamer Platz zugestanden, um wenigstens an einer Stelle in die Nähe der Innenstadt zu kommen. Dieser sollte dann aber

von vornherein als Untergrund- oder, wie Siemens es zur Unterscheidung von viel tiefer gelegenen Tunneln formulierte, als »Unterpflasterbahn« ausgeführt werden.

Im gleichen Jahr 1892 wurden die gesetzlichen Grundlagen für den Bau der Strecke geschaffen, bei der es Siemens inzwischen wohl teilweise auch schon egal war, wo sie verlief, Hauptsache, der Anfang war endlich gemacht. 1893 erfolgte die königliche Genehmigung des Hochbahnbaus. Doch die Verhandlungen mit den Gemeinden Berlin, Schöneberg und Charlottenburg zogen sich hin. Charlottenburg machte vor allem ästhetische Einwände geltend, Berlin stellte finanzielle Forderungen, die für das Unternehmen Siemens & Halske, das die Bahn ja auf eigene Rechnung und Risiko bauen und betreiben wollte, unannehmbar

Auf diesem unscheinbaren Mittelstreifen tauchte einst die Bahn in die Tiefe.

waren. Erst mit Blick auf die Gewerbeausstellung von 1896 wurde die Einigung beschleunigt.

An eine Fertigstellung des neuen Verkehrsmittels bis dahin war jedoch nicht mehr zu denken. Erst am 10. September 1896 erfolgte überhaupt der erste Spatenstich in der Gitschiner Straße im heutigen Bezirk Kreuzberg. Mit dem Aufbau der Viadukte wurde im Juni 1897, mit dem Bau des ersten Tunnels im Sommer 1900 begonnen. Dafür eröffnete 1896 die »Franz-Josef Elektrische Untergrundbahn« in Budapest, die von Siemens & Halske nach der Berliner Konzeption von 1891 geplant und gebaut worden war.

Damit war ein Argument entkräftet worden, das in Berlin unablässig gegen die U-Bahn ins Feld geführt wurde. Vorgebracht hatte es vor allem ein Mann, dem immer an der falschen Stelle eine fatale Rolle in der Berliner Stadtentwicklung zugeschrieben wird: James Hobrecht. Er habe, so heißt es seit Jahrzehnten, das »steinerne Berlin« verursacht, den als größte Mietskasernenstadt der Welt bekannten Moloch mit ungesunden Wohnverhältnissen, den erst die Bomben des Zweiten Weltkriegs zerschlugen. Doch der »Hobrecht-Plan« von 1862, der im wesentlichen bis 1919 galt, war vor Hobrechts Beteiligung begonnen und nach seinem Weggang vollendet worden. Und bei der Arbeit an diesem Bebauungsplan hatte sich Hobrecht nicht nur an viele, eigene Gestaltungsvorstellungen stark einengende Vorgaben zu halten; generell beschränkten sich damals, im Zeitalter des völlig ungezügelten Kapitalismus, öffentliche Stadtplanung auf die Festlegung eines Straßenrasters und das Baurecht auf einige Bestimmungen für den Feuerschutz, von denen die Bemessung der Hinterhofgröße nach dem Wendekreis der Feuerwehrspritzen (28,52 Quadratmeter) am berühmt-berüchtigtsten wurde.

Abwässer gegen Fahrgäste

Eine wirklich unrühmliche Rolle spielte Hobrecht erst in bezug auf die Berliner U-Bahn. Ab 1875 war nach seinen Plänen die hiesige Kanalisation angelegt worden, bei der er – unterstützt von dem Politiker und Arzt Rudolf Virchow – durchgesetzt hatte, daß die gesammelten Abwässer vor den Toren der Stadt verrieselt und nicht einfach in die Flüsse geleitet wurden – wie es damals durchaus noch üblich war und 1891 zu einem wesentlichen Auslöser der großen Cholera-Epidemie in Hamburg wurde. Hobrecht wurde zur international geachteten Kapazität auf dem Gebiet des Kanalisationsbaus und plante solche Anlagen nicht nur für mehr als 30 deutsche Städte, sondern auch für Moskau, Tokio und Kairo. Doch als Stadtbaurat für das Tiefbauwesen, als welcher er von 1885 bis 1897 an der Spree agierte, sperrte er sich gegen den U-Bahn-Bau, um sich »seine Kanalisation nicht verderben« zu lassen, und behauptete immer wieder, im Berliner Boden sei dieser »undurchführbar«.

Durch Hobrechts Schuld verzögerte sich die Entstehung eines leistungsfähigen innerstädtischen Schnellbahnnetzes bis in die 20er Jahre unseres Jahrhunderts, obwohl die Straßenbahn – so, wie sie damals betrieben wurde – schon kurz nach der Jahrhundertwende an ihrer Leistungsgrenze angelangt war.

In Budapest hatte Siemens & Halske nun eine »Unterpflasterbahn« in ähnlich schlechten Bodenverhältnissen und trotz Kanalisation gebaut. Ein Jahr nach Eröffnung der Budapester U-Bahn und während die Berliner Anlage bereits im Bau war, gründete die Firma Siemens & Halske am 13. April 1897 mit anderen Unternehmen die »Gesellschaft für elektrische Hoch- und Untergrundbahnen in Berlin«, kurz »Hochbahngesellschaft« genannt. Sie sollte nicht nur den Bau und – nach einem Jahr – den Betrieb der ersten Strecke übernehmen, sondern die Betriebsführung des gesamten, von unterschiedlichen Bauherren errichteten Berliner U-Bahn-Netzes, bis sie 1929 in der BVG aufging. Ganz wie es bis heute ihrem Ruf entspricht, hatte natürlich auch hier die Deutsche Bank ihre Finger im Spiel: Neben Siemens & Halske war sie Hauptteilhaber in der Hochbahngesellschaft.

Am 18. Februar 1902 nahm die Berliner Hoch- und Untergrundbahn endlich ihren öffentlichen Betrieb auf. Zu dieser Zeit fuhren U-Bahnen nicht nur bereits in London und Budapest, sondern auch in Glasgow und Paris. Für Berlin langte es nur noch zur deutschen Premiere. Und der Mann, der dies technisch ermöglicht und politisch solange dafür gekämpft hatte, erlebte es nicht mehr: Werner von Siemens war am 6. Dezember 1892 gestorben.

Die Hochbahn am Schlesischen Tor

Vom Stadtrand in die Wüste

Die U1, U2, U3 (bzw. 15), U4

Von manch Berliner U-Bahn-Station sind im Laufe der Jahrzehnte nicht einmal ein paar Stützen oder Fliesen übriggeblieben. Jener Hochbahnhof Stralauer Tor (ab 1924 »Osthafen«), auf dem der erste Zug seine Fahrt begann, wurde am 10. März 1945 wegen schwerer Zerstörungen geschlossen und nicht wieder aufgebaut. Von ihm stehen nur noch die Beine: acht rustizierte Steinstützen zwischen Stralauer Allee und Oberbaumbrücke.

Der geistige Zustand Deutschlands um 1900 prägte auch die Architekten der Berliner Hochbahn: Da Gegenwart und Zukunft fremd und unsicher erschienen, suchte man Zuflucht im Bekannten, in der Vergangenheit, deren Stile man sorglos ausbeutete und munter durcheinanderwürfelte. So auch an der Oberbaumbrücke, die von 1894 bis 1896 nach Plänen von Otto Stahn errichtet wurde.

Über diesen Pfeilern fuhr die erste Berliner Hochbahn ab.

Hier verkleidete man das eiserne Viadukt mit gemauerten Spitzbögen und Kreuzgewölben, so daß die Bahn durch Burgzinnen hindurch über einen gotischen Wandelgang fuhr, vorbei an zwei wuchtigen Türmen, Imitationen des Prenzlauer Mitteltors. Und gleich daneben: die schlichte, leichte, funktionale Glas- und Eisenhalle des Bahnhofs, gelagert wiederum auf massiven Stützen und flankiert von Treppenhäuschen, die zu diesem Kuddelmuddel noch einen Schuß Renaissance beisteuerten.

»Die schreiendste Dissonanz« bescheingte der Architekturkritiker Hans Schliepmann damals diesem Ensemble. Seine Zeitgenossen hatten sich so an das »Bautenverkleiden« gewöhnt, daß ihnen die neue Hochbahn nackt und häßlich erschien.

Kilometerweit zog sich die Fachwerkkonstruktion durch den Berliner Süden, und selbst die Stationen brachten keinen schnörkelseligen Lichtblick: Das Viadukt kragte nur etwas aus, um einfache Hallen zu halten. **Prinzenstraße** und **Görlitzer Bahnhof** sind als einzige davon erhalten geblieben, wobei letztere dem ursprünglichen »Normaltyp« aus dem Antrag von 1891 am nächsten kommt: Große, arkadenartige Bogenfenster an den Seiten, darüber ein Wellblechdach, auf den Treppenhäusern als einziger Schmuck zwei kurze (heute verschwundene) Türmchen, die Halle an einer Seite nicht mal geschlossen – das war platzsparend, preiswert, zweckgerecht und gerade deshalb eine Provokation. »Eine gewaltige Verunstaltung der Straße«, klagte 1897 der Schöneberger Gemeindevorsteher, und es wurde sogar diskutiert, die Bahn wieder abzureißen.

Um zu retten, was in der öffentlichen Meinung noch zu retten war, zogen Siemens bzw. die Hochbahngesellschaft für den Westast der Strecke, der zudem durch eine »bessere« Gegend führte, Architekten hinzu. Im heutigen Kreuzberg dagegen war der Bau soweit fortgeschritten, daß man ihn nur noch mit allerlei Schmuck behängen konnte. Für diese »künstlerische Durchbildung« engagierte man 1900 neben anderen einen Lehrer der Berliner Kunstgewerbeschule. Dieser bemühte sich, den Eigenschaften des Materials gerecht zu werden, die Form aus der Konstruktion heraus zu entwickeln, und bezog dementsprechend auch konstruktive Elemente wie die damals notwendigen Nieten in die Gestaltung ein. Er hieß Alfred Grenander, war am 26. Juni 1863 im schwedischen Sköfde geboren worden, 1885 nach Berlin gekommen, um an der Technischen Hochschule Charlottenburg sein Studium zu beenden, Schüler Alfred Messels und 1890 bis 1897 enger Mitarbeiter Paul Wallots beim Reichstagsbau gewesen. Bald sollte er zum Hausarchitekten der Hochbahngesellschaft avancieren und bis 1930 rund siebzig Stationen entwerfen, drei Viertel des damaligen Netzes. Am 14. Juli 1931, kurz nach Vollendung seiner letzten U-Bahn-Bauten, starb Alfred Grenander in Berlin. Was er und andere an der Hochbahn »verbesserten«, ist längst bis auf ein paar Nietenmuster wieder beseitigt worden.

Die Flachbahn der Hochbahn

Unmittelbar östlich des einstigen Stralauer Tors steht die erste, mit der mauerbedingten Abtrennung der Strecke stillgelegte, Werkstatt der U-Bahn. Die größere Halle ist die etwas ältere der beiden, in ihr wurden ab September 1901 die ersten Wagen montiert. 32 Fahrzeuge konnten damals abgestellt und durch eine Luke in die darunter befindliche Werkstatt gehievt werden.

Zweigeschossig arbeitete man auch in der Halle an der Rudolfstraße, die, im rechten Winkel zum Viadukt, 1907 ebenfalls nach Plänen Grenanders entstand: Hier kümmerte man sich allerdings nur im Obergeschoß um U-Bahn-Wagen, darunter ließen sich 17 Straßenbahnwagen abstellen und warten. Die Hochbahngesellschaft betrieb damals nämlich auch eine »Flachbahn« genannte Tram über Warschauer und Thaerstraße zum Zentralviehhof an der Eldenaer Straße, die noch vor der Hochbahn am 1. Oktober 1901 eröffnet worden war. Nachdem die Stadt die Strecke 1909 gekauft hatte, wurde zum 1. Januar 1910 die »zweite Flachbahn« eingerichtet, die sich fast exakt wie die heutige Linie 23 zum Bahnhof Frankfurter Allee bewegte.

Von Anfang an drängte die Hochbahngesellschaft weiter nach Osten: Der am 17. August 1902 eröffnete Bahnhof **Warschauer Brücke** war somit nur als Provisorium gedacht. Davon künden wohl seit 1902 am gegenüberliegenden Hang des Stadtbahngrabens drei Mauerbögen, die als Widerlager eine Hochbahnbrücke aufnehmen könnten. Dahinter bietet sich bis heute genug Platz, um die Bahn in der Erde verschwinden zu lassen und zum Frankfurter Tor weiterzuführen.

Blieb man hier sparsam, so protzte man in der entgegengesetzten Richtung: **Schlesisches Tor** ist eine seltsame Mischung aus Renaissancebau und Eisenviadukt, das man in der Eingangshalle sogar mit braunem Anstrich und vergoldeten Nieten als Holzdecke auszugeben versuchte. Geschuldet war die aufwendige Gestaltung vor allem der einst belebten Dampferanlegestelle am Gröbenufer. Der von Hans Grisebach und Georg Dinklage entworfene Bahnhof besaß sogar eine Wirtschaft mit Kegelbahn im Keller und Biergarten am Bahnsteig – dort, wo heute auf dem Südperron der Zugabfertiger sitzt. Die Terrasse verschwand schon 1914, viele Umbauten folgten. 1980 bis 1984 gab man der Anlage äußerlich ihre Ursprungsgestalt zurück, auch wurde die Deckenbemalung restauriert.

Die Restauranträume im Parterre werden heute kulturell genutzt und heißen im Kiez noch immer nach dem bis 1980 dort ansässigen Kaufhaus »Kato«.

Hier ist man nun mitten im berühmt-berüchtigen »SO 36«, wie der Stadtteil nach seiner alten Postleitzahl heißt. Wer von der Warschauer Brücke notgedrungen läuft, da die Bahn dort kaum vor 1996 wieder fahren wird, kann in der Oberbaumstraße die Viadukte der Jahrhundertwende bewundern. Westlich des Schlesischen Tors sind sie in den 20er Jahren durch eine Neukonstruktion ersetzt worden, die zunächst bis zum expressionistischen roten Klinkerbau des Postamts 36 reicht. Die Strecke passiert den Lausitzer Platz mit der Emmauskirche von August Orth, und gegenüber liegt das inzwischen zum Park umgestaltete Gelände des ebenfalls von Orth entworfenen Görlitzer Bahnhofs, an dessen Stelle heute ein hart erkämpftes Hallenbad steht. So erinnert nur noch die gleichnamige Hochbahnstation, die bis 1926 »Oranienstraße« hieß, an ihn. Sie ist gut erhalten, wenngleich auch sie ihr von Grenander gestaltetes Kassenhäuschen verloren hat und der unterste Treppenlauf 1957 umgedreht wurde. Gut zu erkennen ist auch, wo der dachlose »Sommerbahnsteig« später verlängert wurde: Erst mit den seit 1906 eingesetzten Fahrzeugen konnte man Züge mit mehr als vier Wagen bilden.

Der Premierenbahnhof Stralauer Tor im Eröffnungsjahr 1902

Der Halt **Kottbusser Tor** sah einst aus wie Görlitzer Bahnhof. Zum Bau der heutigen U 8 verlegte man ihn jedoch in den Jahren 1927 bis 1929 direkt auf den Platz, wo die riesige Halle auf nur sechs kleinen Stützen ruht. Daß man diesen Neubau schuf, dessen Inneres heute durch ein riesiges Betriebshaus verunstaltet wird, spiegelt veränderte Besitzverhältnisse wider: Seit Juli 1926 hielt die Stadt die Aktienmehrheit an der Hochbahngesellschaft, die früher für die Kreuzung mit einer städtischen Linie wohl kaum einen teuren Neubau errichtet hätte.

Am **Halleschen Tor** tat sie es auch nicht. Wer heute hier in die Runde blickt, sieht fast nur Neubauten: auf der einen Seite die Amerika-Gedenkbibliothek, 1954 erste Freihandbücherei Deutschlands, auf der anderen die neue Mehringplatz-Umbauung von Werner Düttmann nach einem Konzept von Hans Scharoun. Dort beginnt die Friedrichstadt, die am Vormittag des 3. Februar 1945 nahezu völlig zerstört wurde. Entsprechend schwer wurde auch der fast im Landwehrkanal stehende

Altes und neues Viadukt am Postamt in der Skalitzer Straße

Bahnhof getroffen. Im Oktober 1945 errichtete man 50 Meter östlich einen Notbahnsteig, und die Strecke bis zum Gleisdreieck war am 27. April 1947 die letzte, die wieder in Betrieb ging. Die Station selbst war erst ab Oktober 1949 wieder benutzbar.

Zwischen Kraftwerk und Eisfabrik

Auf der weiteren Fahrt passiert man den kleinen braunen Eckbau am Haus der Arbeiterwohlfahrt, in den 70er Jahren Heimstatt der Schaubühne. In entgegengesetzter Richtung sieht man am Ende der Großbeerenstraße das Denkmal auf dem Kreuzberg.

Neben dem 1965 bis 1971 errichteten Postgiroamt liegt der Bahnhof **Möckernbrücke**, 1936 vom Baubüro der BVG neu erstellt. Für solche »rein technischen« Aufgaben war auch in der Nazizeit noch ein moderner Stil erlaubt, so daß die Ein- und Anbauten der 60er Jahre damit harmonieren. Dahinter steigt die Strecke an und überquert eine Hängebrücke. Die Konstruktion ist eine Reminiszenz an die 1990 abgerissene Vorgängerin, die mit gutem Grund viel Platz unter sich ließ: Hier kreuzten die Züge zum Anhalter Bahnhof den Kanal, die Brückenrampen sind noch zu erkennen. Unterirdisch fährt an dieser Stelle seit 1939 die Nord-Süd-S-Bahn.

Paul Wittig, wie Grenander auch beim Reichstagsbau tätig, später aber ganz mit seinem Vorstandsposten bei der Hochbahngesellschaft beschäftigt, behängte die alte Brücke nachträglich mit Schmuck und entwarf auch ein (zerstörtes) Tor mit blau-goldenem Sternengewölbe, durch das die Bahn ihre Fahrt fortsetzte. Dahinter war es weniger dekorativ: Rechter Hand das Kühlhaus II der ab 1900 errichteten, damals größten Eisfabrik Deutschlands, das seit Jahren vor sich hinrottet, links einst das Hochbahnkraftwerk, Kühlhaus I und Maschinenhaus der Fabrik (sie wichen 1981/82 einem Neubau für BVG-Einrichtungen) und der 1908 bis 1912 angelegte Paketbahnhof.

An dieser Stelle ereignete sich am 26. September 1908 ein Unglück mit mehreren Toten. Ein Hochbahnzug fuhr einem anderen, ebenfalls vom **Gleisdreieck** kommenden, nach Mißachtung eines Haltesignals in die Flanke und stieß einen Wagen in die Tiefe.

Erste Pläne zum Umbau des Gleisdreiecks und zur Errichtung einer Verstärkungslinie hatte es schon 1907 gegeben: Obwohl die Züge damals noch am Potsdamer und im Westen am Richard-Wagner-Platz endeten, hatte die Anlage ihre Leistungsgrenze erreicht. Nun verlangte die Aufsichtsbehörde den sofortigen Umbau, der dann im Mai 1912 begann und bis August 1913 dauerte. Der Bahnhof wurde am 3. November 1912 eröffnet, wegen seiner Lage im Industrie- und Bahngebiet konnte ihn der Architekt Sepp Kaiser sehr sachlich und für die damalige Zeit extrem modern gestalten. Seine Breite zeigt, welch (Umsteige-)Betrieb hier einst herrschte: Bis zur Eröffnung der heutigen U 9 im Jahre 1961 lief aller U-Bahn-Verkehr zwischen dem Westen und dem Rest des Netzes über diese Station. Das alte Gleisdreieck, das auf nur 8 000 Quadratmetern Grundfläche drei Streckenäste kreuzungsfrei verknüpfte und deshalb als ingenieurtechnisches Meisterwerk galt, wurde übrigens keineswegs abgerissen, sondern der Bahnhof daraufgebaut. Vor der Einfahrt sieht man die alten Abzweige – links als Überleitungsgleis, rechts mit einem blauen Stellwerksaufbau. Vom Tor zum Postbahnhof in der Luckenwalder Straße aus sind auch die massiven Viaduktbögen sichtbar.

Am Gleisdreieck wird die U 2 wohl ab Ende 1993 wieder nach Ruhleben und Pankow verkehren. Die Strecke Richtung Potsdamer Platz war 1977 bis 1981 Teil der Versuchsanlage für den automatischen Zugbetrieb, der anschließend auf der U 4 eingerichtet wurde. 1983 verschwand die Rampe dann unter der Magnetbahn, die bis 1990 erprobt wurde und an der Bernburger Straße einen Bahnhof besaß.

Von vornherein nur auf Zeit angelegt war der am 18. September 1907 geschlossene erste Bahnhof **Potsdamer Platz**, da die generelle Genehmigung zur Verlängerung der Strecke in die Innenstadt schon im Mai 1900 erteilt worden war. Die etwas weiter nördlich gelegene neue Station ist heute die älteste unterirdische, die in ihrer Originalsubstanz überdauerte, da die Denkmalpflege den Erhalt der Wandverkleidung von 1907 durchsetzen konnte. Außerdem war sie der erste Halt mit Mittelbahnsteig und stellte praktisch den Prototypen für die erste Grenandersche U-Bahnhof-Serie dar. Dabei baute der Architekt auf den bei Siemens entwickelten Stationsgestaltungen auf, von denen heute keine mehr existiert: Sie waren so schlicht wie möglich gehalten, mit Seitenbahnsteigen, für die die Tunnel einfach doppelt so breit gebaut wurden, so daß die Stützen in der Mitte blieben. Die Decken zeigten die kleinen, gewölbten »Kappen« ebenso wie die Querträger, auf denen sie ruhten, und die Unterzüge, auf die diese wieder die Last übertrugen. Auch die Stützen blieben unverkleidet, am Kopf und am Fuß nur leicht verziert, und die Wände waren mit kleinen, hellen Fliesen bedeckt. Geradezu revolutionär war dabei, daß man die neuartige Reklame an den Bahnhofswänden nicht als Konkurrenz zur Gestaltung ansah, sondern sie ohne alle bildungsbürgerlichen Vorbehalte zu einem Teil von ihr machte: Umrahmt von hellen Fliesen, im Rhythmus mit den Stationsschildern, sorgten die Plakate für Farbe und Bewegung genug, wurden zur im hektischen Großstadtrhythmus wechselnden Wanddekoration.

Der U-Bahnhof Potsdamer Platz während der Renovierung, Frühjahr 1993

Grenander fügte dem eine einheitliche Ausbildung des Stützenkopfs mit weiten Auskragungen hinzu, an denen tropfenförmige Lampen hingen, die dann in ionischen Kapitellen ähnlichen Einrollungen endeten. Außerdem gab er jedem Bahnhof eine Kennfarbe, die auf den Bänken, den Betriebshäuschen, den Stützen, den Reklamerahmen prangte und sich über die Wand als breiter Streifen in Höhe der Stationsschilder zog und sie rautenförmig umrahmte. Alle so gestalteten, am 1. Oktober 1908 eröffneten Stationen bis Spittelmarkt wurden nach dem Zweiten Weltkrieg verändert, nur Potsdamer Platz blieb bis auf die Kapitelle und Fahrkartenschalter erhalten. Während die Grenzziehung über der Erde alles verschwinden ließ, schützte sie den U-Bahnhof, der in einen Dornröschenschlaf versank.

Bahnhofsschwung für Wrangel

Noch immer finden sich am Potsdamer Platz Hinweise auf die Einwirkungen des Krieges: Am Nordende ist eine neue, nietenlose Stütze eingefügt, und an der Wand fehlen dort der grüne Streifen und die Rahmen der Stationsschilder. Der Bahnhof erzählt auch von Dingen, die über der Erde existierten: Ermöglicht wurde seine Anlage mit je einem Ausgang zum Potsdamer und zum Leipziger Platz, weil zur gleichen Zeit das Hotel Fürstenhof errichtet wurde. Um Beeinträchtigungen zu vermeiden, konstruierte man beide Bauwerke so, daß sie einander nicht berührten. So erklären sich die extrem dicken Stützen am südlichen Bahnsteigende, durch die die Träger der Hotelabfangung geführt wurden. Wegen der unterschiedlichen Konstruktionsformen der Decke ist diese ausnahmsweise glatt.

Eine andere Kuriosität ist die leichte Kurve, in der der Bahnhof liegt, und die im nördlich anschließenden Tunnel durch eine entgegengesetzte gekontert wird: Die Bahn fährt eine Schlangenlinie, weil sie einst dem mitten auf dem Leipziger Platz stehenden Wrangel-Denkmal mitsamt den es umgebenden Bäumen ausweichen sollte. Die »möglichste Schonung der gärtnerischen Anlagen« war oberstes Ziel, wie Paul Wittig in einem Artikel erläuterte, schließlich wollten manche das neue Verkehrsmittel noch immer dort sehen, wo am wenigsten los war: »Es hat nicht an Stimmen gefehlt, die das Auftreten der Untergrundbahn ... mit ihren Eingängen und dem sich davor abspielenden Verkehr auf dem Leipziger Platz ganz vermieden wissen möchten.« Dies, obwohl »zu beiden Seiten des Platzes, auf dem Potsdamer Platz und in der Leipziger Straße, der Verkehr mit fast unüberwindlichen Schwierigkeiten kämpft«. 1913 fuhren über den Leipziger Platz 26 Straßenbahnlinien!

Dabei hatte die Große Berliner Straßenbahn die Stadt Jahre zuvor bis vors Reichsgericht gezerrt, weil sie in der Genehmigung der U-Bahn die vertragswidrige Zulassung eines Konkurrenzunternehmens sah. Im Urteil wurde dann auch nur die Benutzung von Paralleltrassen erlaubt, weshalb sich die U-Bahn bis heute durch Nebenstraßen schlängeln muß, statt den geraden Weg durch die Leipziger Straße zu nehmen.

Mohrenstraße: mechanische Fahrsperre
an Hitlers Marmor

Bei der Frage, wie die Bahn wieder aus dem Leipziger Platz herauskommt, hatte man ein zweites Mal Glück: Das Warenhaus Wertheim errichtete an der Nordostecke des Platzes einen Erweiterungsbau, durch dessen Keller der Tunnel verlaufen konnte. So kam man zur **Mohrenstraße**. Da der Name »Wilhelmplatz« schon besetzt war, hatte man die Station als »Kaiserhof« eröffnet, benannt nach dem Hotel, das später Geschichte machen sollte, als Hitler hier sein Hauptquartier aufschlug. Nachdem er sein Ziel erreicht hatte und in die gegenüberliegende Reichskanzlei gezogen war, verschwand bald auch die große Pergola des U-Bahn-Eingangs inmitten des Platzes, der nun Aufmarschfläche werden sollte. In den Endkämpfen 1945 völlig zerstört, wurde der Bahnhof erst am 18. August 1950 als »Thälmannplatz« wiedereröffnet. Mit Marmor aus Hitlers Neuer Reichskanzlei bemühte man sich nun – »Von der Sowjetunion lernen, hieß siegen lernen!« und inspiriert von Stalins Architekten -, den Protz der Moskauer U-Bahn nachzuempfinden, blieb aber inkonsequent, da man beispielsweise die Deckenträger sichtbar ließ. Auch aus dem geplanten Thälmann-Monument wurde nichts. Schließlich stellte man den Südteil des Platzes mit der CSSR-Botschaft, die Nordhälfte kurz vor dem Mauerfall mit Plattenbauten zu und hatte so Geschichte prima entsorgt. Für den Arbeiterhelden gab's fortan in Prenzlauer Berg den Ernst-Thälmann-Park, der U-Bahnhof hieß bis zum 3. Oktober 1991 »Otto-Grotewohl-Straße«.

Diverse Namenswechsel machte auch Stadtmitte durch. Der wichtigste war die Umbenennung von »Friedrich-« in »Leipziger Straße« im Januar 1923, da erst dadurch aus »Leipziger Platz« der heutige Bahnhof Potsdamer Platz wurde.

Tageslicht durch Fenster

Wo immer es ging, ließ man Tageslicht in die U-Bahnhöfe fallen. Unter die Erde zu steigen, um in dunklen Tunneln durch die Stadt zu reisen, war damals ja etwas Neues. So, wie man damals neuartige Produkte und Bauten in vertraute Formen packte, wie auch die Warenhäuser prunkvoll sein mußten, um vor allem das zahlungskräftige Publikum an die neue Einzelhandelsform zu gewöhnen, so mußte man auch erst langsam mit der U-Bahn vertraut machen. Zeitweilig plante Siemens sogar eine zur Spree hin offene Galeriestrecke unter einer Uferstraße. Der Bahnhof **Spittelmarkt** war davon ein Nachhall: Noch heute kann man in den Ufermauern die lange Reihe der Fenster erkennen, die ihn erhellten, bis sie im Zweiten Weltkrieg zum Schutz vor Bomben zugemauert wurden.

Hier sind auch die Treppenschutzgitter mit den rhythmisch geordneten Spiralornamenten erhalten, die Grenander schon 1901 entworfen hatte. Im folgenden, bis Alexanderplatz am 1. Juli, bis Schönhauser Allee am 27. Juli 1913 eröffneten Abschnitt wurden sie durch einfache Stäbe mit knotenartigen Verdickungen, die an Bögen an der Ober- und

Nur von außen sieht man, daß der Bahnhof Spittelmarkt einmal Fenster hatte

Tunnelbau für die U-Bahn durch die Spree, 1911

Unterkante endeten, ersetzt. Die Bahnhöfe gestaltete Grenander wiederum gleich. Die Stützenköpfe kragten nun aber kürzer aus, trugen keine Lampen mehr, der Wandstreifen verschwand, und die Umrahmungen der Stationsschilder wurden auf Rechtecke reduziert. Die Farbabfolge wiederholte sich wie von Potsdamer Platz bis Spittelmarkt.

Eine gewisse Ausnahme bildete die Station **Märkisches Museum** (bis 1935 »Inselbrücke«), wo die nahe Spreeunterfahrung eine größere Tiefenlage erforderte, weshalb man ein stärker belastbares Korbbogengewölbe baute und erstmals ein Zwischengeschoß anlegte; die Stationsschilder sind oval. Leider blieben auch hier die schon 1908 eingeführten Portale mit einem großen, rechteckigen Transparent, das nur durch einen rankenverzierten dreieckigen Giebelaufsatz geschmückt wurde, nicht erhalten. Zur 750-Jahr-Feier Berlins 1987 installierte man statt dessen pseudohistorische Phantasiegebilde.

Der Bahnhof **Klosterstraße** ist ansonsten weitgehend in seiner Ursprungsform erhalten. Die Ost-Verkehrsbetriebe schafften es trotz notorischer Materialnot, auch Lampen in den historischen Formen zu installieren, während die West-BVG damals noch behauptete, ohne Leuchtstoffröhren nicht die nötige Helligkeit erzielen zu können. Die Station war ursprünglich als Beginn der heutigen U 5 gedacht, weshalb man sie dreigleisig ausführte, das mittlere Gleis aber abgedeckt ließ. Hinter dem Bahnhof ist das bereits gebaute Kreuzungsbauwerk zu sehen. Die eigentliche Attraktion ist aber die südliche Vorhalle, in der vier große Ölbilder Gebiete zeigen, die mit Hilfe der U-Bahn besiedelt werden sollten. Daneben hängt eine Gedenktafel für am U-Bahnbau beteiligte Persönlichkeiten.

Auch der U-Bahnhof **Alexanderplatz** sieht mitsamt seiner südlichen Vorhalle im Prinzip noch wie 1913 aus. Auf ihrem weiteren Verlauf wurde die U-Bahn dann wieder zum Anlaß für eine völlige Veränderung des Stadtbilds genommen: Schon an der Spreekreuzung hatte Berlin mit seiner Forderung, die Strecke unterirdisch auszuführen, dafür gesorgt, daß zahlreiche Häuser aus dem 17. und 18. Jahrhundert abgerissen wurden. Rund um den heutigen **Rosa-Luxemburg-Platz** sollte nun das elende, übel beleumundete Scheunenviertel verschwinden. Die Bewohner wurden kurzerhand auf die Straße gesetzt. Ab 1906 schlug man die

Fläche kahl und legte neue Straßen an, die aber erst Ende der 20er Jahre nach einem Entwurf Hans Poelzigs bebaut wurden und nur teilweise den Krieg überstanden. Stark vergröbert wurde nach 1945 auch die Fassade der Volksbühne, die bereits 1913 bis 1915 nach Plänen von Oskar Kaufmann entstanden war. Diese »Sanierung« führt übrigens bis heute, wo das Scheunenviertel einen nostalgischen Glanz bekommen hat und schon bis zum Oranienburger Tor ausgedehnt wird, zu Verwirrung: Anfang des Jahrhunderts verschwand zwar sein Kern, aber das Leben in seinen Randbereichen wie um die Alte Schönhauser Straße wurde weiterhin einerseits von meist orthodoxen Juden und andererseits von der »Halbwelt« geprägt.

Kiezwahrzeichen dank Geldgier

Hinter dem U-Bahnhof Rosa-Luxemburg-Platz (bis 1934 »Schönhauser Tor«, dann »Horst-Wessel-Platz«, ab Mai 1945 wieder »Schönhauser Tor«, seit 1950 bis 1978 »Luxemburgplatz«) befindet sich im Tunnel, zwischen Mauern versteckt, ein Werkstattgleis für einen Vier-Wagen-Zug. Die folgende Station **Senefelderplatz** besitzt eine deutlich ansteigende Decke: Die Bahn hat Prenzlauer Berg erreicht, eine Ortsbezeichnung, die von einer kleinen, unter der Mietskasernenbebauung des späten 19. Jahrhunderts verschwundenen Erhebung am Hochufer des eiszeitlichen Urstromtales herrührt.

Die Züge fahren aber weiter aufwärts, als es geologisch nötig wäre: Sowohl die Hochbahngesellschaft als auch der Magistrat begründeten die Hochbahn in der Schönhauser Allee der Öffentlichkeit und den Stadtverordneten gegenüber mit großen Abwasserkanälen, die ebenso kreuzen wie der Ringbahngraben. In Wahrheit entstand das Viadukt auf dem »proletarischen Boulevard« Ost-Berlins, gerade zu DDR-Zeiten gern als Inbegriff von Großstadtatmosphäre ins (DEFA-)Bild gerückt, aus profanen Profitbestrebungen. Die Strecke durch die Innenstadt hatte mehr Zeit und Geld gekostet als erwartet. So beschloß man, auf dem letzten Abschnitt zu sparen, zumal die Straße breit genug war und durch ein Arbeiterviertel führte, wo man die heftigen Anwohnerproteste nicht allzu ernst nehmen mußte.

Das Viadukt erhielt schräggestellte Stützen wie in der Bülowstraße, statt Fachwerk- aber haltbarere Vollwandträger. Während der Bahnhof **Eberswalder Straße** (bis 1950 »Danziger Straße«, dann bis Oktober 1991 »Dimitroffstraße«) noch auf Steinbögen ruht, steht **Schönhauser Allee** (bis 1936 »Nordring«) wegen der Ringbahnüberquerung auf Einzelstützen. Wegen ihrer Mittelbahnsteige haben beide Bahnhöfe satteldachartige Oberlichter. Anders als am Gleisdreieck wird der Raumeindruck noch sehr stark von den bogenförmigen Hallenträgern dominiert. An der Eberswalder Straße ist die doppelläufige Treppe erhalten, dazwischen sollte Platz bleiben zum Promenieren unterm »Magistratsschirm«.

Schönhauser Allee endete die Strecke 1913, die man damals, noch in Folge des Gleisdreieck-Unglücks, als erste mit einem Selbstblocksystem ausgestattet hatte, bei dem die Züge selbst dafür sorgen, daß in den signalgeschützten Streckenteil, in dem sie sich befinden, kein anderer einfahren kann. Die dazugehörigen mechanischen Fahrsperren hielten sich hier auch am längsten: Erst zur Wiederinbetriebnahme der Ost-West-Verbindung wurden sie 1993 durch magnetische ersetzt.

Das letzte Stück der Hochbahn sieht dann anders aus. Es ist erst Ende der 20er Jahre im schlichten Stil jener Zeit errichtet worden. Von vornherein hatte man geplant, die Strecke nach Pankow weiterzuführen, wo sie mit Rücksicht auf den alten Ortskern wieder U-Bahn sein sollte. 1927 beschloß man, wenigstens schon mal einen Bahnhof zu bauen, der das Umsteigen erleichtern sollte. Folglich führen in **Pankow (Vinetastraße)** vier Treppen zur Straßenbahn, aber nur zwei auf die seitlichen Bürgersteige. Die Station selbst, am 29. Juni 1930 eröffnet und Grenanders Spätstil entsprechend, wurde Ende der 80er Jahre neu gestaltet.

Wer am Gleisdreieck mit der U 2 in die entgegengesetzte Richtung fährt, bewegt sich zunächst noch parallel zum heute leeren Viadukt, auf dem einst vier Gleise zum Potsdamer Ringbahnhof führten: Über das westliche Paar machte die Ringbahn bis 1943 zwischen Schöneberg und Papestraße ihre Spitzkehre in die Innenstadt. Über das östliche verkehrten die Züge der Lichtenrader und Lichterfelder Vorortstrecken, letztere bereits seit 1901 elektrifiziert. Dann überquert die Hochbahn auf zwei zusammen über 220 Meter langen Brücken das Gelände des Potsdamer Güterbahnhofs, das demnächst zum Versorgungszentrum für die Baustellen am Potsdamer Platz werden soll. Sie ersetzten 1991/1992 ihre morsch gewordenen Vorgängerinnen aus der Jahrhundertwende, wobei man wiederum eine Strebe vergoldete. Auch die Brücke der U 1 besitzt solch ein »Goldstück«, das nur von der anderen Überführung aus sichtbar ist. Dabei handelt es sich um Teile des »Goldenen Schnitts«: mit Edelmetall versehene Stücke profaner Ingenieurbauten, deren Standorte auf einer geraden Linie durch die Stadt liegen. Die anderen Teile dieser Installation, die die Künstler Stefan Micheel und Hans Winkler von 1988 bis 1990 durchführten, befinden sich am Gasometer nach dem S-Bahnhof Schöneberg, unter der Landwehrkanalbrücke der U 2 am Schöneberger Ufer und unter der Greifenhagener Brücke am S-Bahnhof Schönhauser Allee.

Künstlerisch sollte es nach den erwähnten Protesten auch an der Hochbahn in der **Bülowstraße** zugehen. Ihre Stützen wurden nach einer Idee Bruno Möhrings schräggestellt und wirken dadurch dynamischer. An die Straßenkreuzungen setzte man hohe Sandsteinpfeiler und unter das Viadukt Steinportale, die teils von Grenander, teils von Möhring entworfen wurden. Möhring gestaltete auch den Bahnhof Bülowstraße, der 1929 nach Plänen seines Sohnes verlängert wurde. »Sicher, wie in einer Wiege getragen, liegt der Hochweg, und sein scheinbar rastloses ›Hindurchschießen‹ durch die Pfeiler versinnbildlicht durchaus augenfällig den ungehemmten Verkehrsweg«, schwärmte der schon zitierte Architekturkritiker Schliepmann 1902. »Ich stehe nicht an, zu behaupten, daß... die Bülowstraße nicht nur nicht ›verschandelt‹, sondern zur originellsten, interessantesten Straße geworden ist, eine echteste und kühne Spiegelung modernen Lebens.«

Der Bombenkrieg hinterließ auch an dieser Anlage sichtbare Schäden. Der Abschnitt zwischen Froben- und Zietenstraße mußte ganz neu gebaut werden, wobei der 1946 verwendete Panzerstahl kurzlebiger war als die um 1900 errichteten Viadukte, so daß das Stück 1991/1992 abermals ausgetauscht werden mußte. Völlig zerstört wurde der pompöse Hochbahnhof **Nollendorfplatz**, dessen Pickelhaubenkuppel einst den

-Charlott

Sieht aus wie im Jahre 1908: Sophie-Charlotte-Platz

Anfang der oberirdischen Strecke markierte und über einem schmucken Platz thronte, den man in den 60er Jahren dem Verkehr opferte. Von der Randbebauung ist fast nur das Theater geblieben, in dem in den 20ern die Piscator-Bühne zu Hause war und das heute das Disco- und Konzerthaus »Metropol« beherbergt. Nachdem die durch den Mauerbau unterbrochene Linie von der defizitären BVG zum Jahresbeginn 1972 bis Wittenbergplatz zurückgezogen worden war, richtete sich im simplen Bahnhofsneubau ein Flohmarkt ein, der jetzt in die Stadtbahnbögen am Bahnhof Friedrichstraße umgezogen ist. Aus der Station Bülowstraße wurde 1978 »U-Tropia – Bahnhof der Nationen«, später ein »Türkischer Basar«. Dazwischen pendelte ein alter Straßenbahnwagen über das Viadukt.

Quer durch den Halt am Nollendorfplatz verlief bis 1938 die Grenze zwischen Schöneberg und Charlottenburg, weshalb die Bahn nun sofort in der Erde verschwindet. (Während die Hochbahngitter sonst fast überall verloren sind, gibt es hier noch welche mit leicht expressionistischen Zügen von Grenander, derweil jene am Tunnelmund mitsamt der Pfeiler wiederum von Möhring stammen.) Ein wesentlicher Grund dafür war die damals gerade errichtete Kaiser-Wilhelm-Gedächtniskirche. Die Wirkung des neureichen Prachtbaus wollte man sich nicht durch eine Hochbahn kaputtmachen lassen. Nachdem diverse Umfahrungsentwürfe nicht befriedigt und Honoratioren die Budapester U-Bahn besichtigt hatten, verlangte die Stadt kategorisch, die Züge entgegen dem bereits geschlossenen Vertrag unterirdisch fahren zu lassen. Da die Kreuzung mit der Stadtbahn sowieso ein Problem bildete, die Anlieger der geplanten Hochbahn so hohe Entschädigungen forderten, daß ein Tunnel kaum teurer gekommen wäre, und Charlottenburg außerdem mit der Weiterführung der Strecke in sein damaliges Zentrum winkte, willigte die Hochbahngesellschaft ein.

Eine Wüstenbahn für die Deutsche Bank

Vom Ursprungsbau des Bahnhofs Wittenbergplatz mit seinen Jugendstilportalen und kupferbedeckten Kassenhäuschen, die die neueren Kioske auf dem Platz imitieren, ist ebensowenig geblieben wie von dem am **Zoo**. Nach einer von Grenander entworfenen Umgestaltung Ende der 20er Jahre baute man diesen Bahnhof Ende der 50er völlig um und erweiterte ihn für den neuen Umsteigeverkehr. Die roten Stahlträger auf den Bahnsteigen zeigen, wo sich ursprünglich die Wand befand. Bis auf die Schilder ganz im »Fifties-Stil« präsentiert sich die Station **Ernst-Reuter-Platz**. Sie wurde am 14. Dezember 1902 eröffnet und bis Oktober 1953 »Knie« genannt, weil hier die alte Straße zwischen Berlin und Charlottenburg abknickte. Analog zum Bahnhof wurde damals auch der Platz umgestaltet: zum riesigen Verkehrskreisel mit Fontänen und locker umstanden von meist kastenartigen Häusern.

Während man am Zoo und Ernst-Reuter-Platz die Stützenköpfe »entfeinerte«, blieben ihre Verzierungen am Bahnhof **Deutsche Oper** erhalten – schöne Beispiele für Grenanders materialgerechten Umgang mit Eisenstäben, die er im Jugendstil stauchte, bündelte und bog. Als die Station am 14. Mai 1906 eröffnet wurde, war sie nicht nur der erste Umsteigebahnhof, sondern mit 24,35 Metern Breite und vier Gleisen auch die größte im Berliner Netz. Die Hochbahngesellschaft wollte sich wohl alle Möglichkeiten der Verkehrsführung offenhalten, hätte sie doch den vereinbarten Tunnel zum Zentrum Charlottenburgs am liebsten gar nicht mehr gebaut.

Das hatte wesentlich mit den Geschäftsinteressen der allgegenwärtigen Deutschen Bank zu tun, die um die Jahrhundertwende begonnen hatte, große Gebiete im Westend zu erwerben, einer in den 1860er Jahren gegründeten Villenkolonie, deren Entwicklung wegen schlechter Verkehrsanbindung seit längerem stagnierte.

Eine Verlängerung der U-Bahn hierher ließ immense Wertsprünge der Grundstücke erwarten. Sie wurden noch gesteigert durch die 1901 vom Kaiser verkündete Absicht, in Verlängerung der heutigen Straße des 17. Juni eine geradlinige Verbindung zum Döberitzer Manöverplatz zu schaffen, die teilweise als fünfzig Meter breite Prachtstraße ausgeführt werden sollte. Dies vereinfachte den Bau der Westend-U-Bahn noch, die die Hochbahngesellschaft langfristig als gewinnträchtiger ansah als die Strecke ins Charlottenburger Zentrum. Mit Blick auf den zu erwartenden Zuzug wohlhabender Berliner erklärte sich die Stadt ebenso wie die inzwischen gegründete Grundstücksvermarktungsgesellschaft bereit, 1,425 Millionen Mark Zuschuß für die »Wüstenbahn« zu zahlen, die bei ihrer Eröffnung durch kaum bebautes Gebiet führte. Charlottenburg bekam auch seine Station am Richard-Wagner-Platz, die am 14. Mai 1906 eröffnet wurde und bis 1935 »Wilhelmplatz« hieß, als Kopfbahnhof aber von vornherein als Endpunkt einer Stummelstrecke gedacht war. Schließlich pendelten nur noch zwei Wagen zur Deutschen Oper, bis der Halt am 1. Mai 1970 geschlossen und durch einen völlig neuen auf der U 7 ersetzt wurde.

Für die Kreuzung mit dieser Linie wurde auch in die Westendstrecke ein neuer Bahnhof eingefügt und am 28. April 1978 eröffnet, der mit **Bismarckstraße** den gleichen Namen erhielt, den ursprünglich Deutsche Oper trug (bis 1929, dann bis 1934 »Städtische Oper« und bis 1961 »Deutsches Opernhaus«). Hemmunglos, wie man in den 60er Jahren bei solchen Dingen war, plante man damals sogar, die sehr nahe gelegene alte Station zu beseitigen. Dazu kam es zwar nicht, aber 1982/1983 verhübschte man den historischen Halt, der schon 1929 neue Vorhallen, ein Zwischengeschoß und auf die seitlichen Bürgersteige veschobene Eingänge erhalten hatte. Auf den nächsten Bahnhöfen erfolgte dies alles einige Jahre später, als der ganze Straßenzug von Hitlers Lieblingsarchitekten Albert Speer zur »Ost-West-Achse« umgestaltet wurde (kilometerweit stehen hier noch heute Speers Kandelaber am Straßenrand).

Dem fielen nicht nur die restlichen Jugendstilportale zum Opfer, sondern vor allem auch die Oberlichter, durch die beispielsweise der Bahnhof Deutsche Oper so erhellt worden sein soll, daß man tagsüber kein Kunstlicht brauchte.

Abgesehen von diesen Veränderungen ist **Sophie-Charlotte-Platz** praktisch vollständig erhalten. Wie die beiden anderen, ebenfalls von Grenander gestalteten Stationen der am 19. März 1908 eröffneten Verlängerung gehört sie mit ihren Seitenbahnsteigen und den individuell gestalteten Stützenköpfen einer deutlich früheren Phase an als die Bahnhöfe der »Innenstadtstrecke«. Am **Kaiserdamm** fehlen die alten Stationsschilder; vermutlich warf man sie weg, als der Bahnhof im April 1967, wenige Tage nach dem Tod des ersten Bundeskanzlers, in »Adenauerdamm« umbenannt wurde. Die Umtaufe sorgte für so heftige

Proteste, daß man sie nach knapp neun Monaten wieder rückgängig machte. Die CDU erhielt zum Trost den neu entstandenen Adenauerplatz am Ku'damm, mitsamt U-Bahnhof.

Vom Grunewald blieb nur der Name

Wie Senefelderplatz besitzt auch der Halt am Kaiserdamm wegen des Geländeanstiegs eine schräge Decke: Am Ostende befindet sie sich direkt über den Zügen, im Westen blieb genug Platz, um 1926 zur Eröffnung des Funkturms und weiterer Messehallen nach Plänen Grenanders ein Zwischengeschoß einzubauen. Nicht zufällig dürfte der zentrale Platz des neuen Viertels auf der Hügelspitze angelegt worden sein (von hier aus fährt die Bahn dann immer abwärts und gerät doch vom Tunnel auf einen Damm). Dieser Bedeutung wegen erhielt der Bahnhof **Theodor-Heuss-Platz** (bis 1963 »Reichskanzler-«, dazwischen von 1933 bis 1945 »Adolf-Hitler-Platz«) eine etwas aufwendigere Gestaltung: monumentale Portale aus dem »echten Material« Stein statt aus dem als minderwertig erachteten Eisen und prächtige Vorhallen, von denen nur die nördliche erhalten ist.

Der am 20. Mai 1922 eröffnete, inzwischen veränderte Bahnhof **Neu-Westend** war der erste, dessen Wände nur verputzt wurden. Besser als die – den Zeitumständen geschuldet – ärmliche Halle paßte in diese betuchte Gegend der wiederum steinerne Eingang, dessen Vorderpfeiler einst von Laternen bekrönt wurden. Der Westeingang entstand erst zur Olympiade 1936. Schon zwanzig Jahre zuvor hatten die Spiele in Berlin stattfinden sollen. Nach Plänen von Otto March war dafür das »Deutsche Stadion« entstanden, das später dem heutigen, von Marchs Sohn Werner entworfenen Olympiastadion wich. Ab 8. Juni 1913 fuhr die U-Bahn bei Bedarf hierher, gebaut worden war die Strecke bereits 1908. Schon nach sechs Betriebsjahren hatte sich der Wagenpark von 45 auf 175 Fahrzeuge erhöht, die alte Werkstatt Warschauer Brücke reichte nicht mehr aus. Deshalb begann man mit dem Bau der 1913 voll in Betrieb genommenen Werkstatt Grunewald, die noch heute so heißt, obwohl vom Wald in dieser Gegend nur das namenlose Stück an der Waldbühne geblieben ist. Zunächst wurden unter anderem die 1943 zerstörte Hauptwerkstatt und links daneben die heutige Halle 1 als Betriebswerkstatt errichtet. 1924 bis 1927 kamen die Abstellhallen 2 bis 4 hinzu. Nachdem die Hauptwerkstatt schon während des Krieges provisorisch in den Hallen 1 und 2 untergebracht worden war, beließ man sie später hier, die Halle 3 wurde zur Betriebswerkstatt, Halle 4 dient weiter zum Abstellen und erhielt eine Waschanlage.

Betriebswerkstätten sind für kleinere Reparaturen und die einfache Wartung der Wagen zuständig; Hauptwerkstätten erledigen größere Um- und Einbauten und vor allem die Hauptuntersuchung oder auch »BO Strab-Inspektion«, nach der »Bau- und Betriebsordnung für Straßenbahnen«, die auch hier gilt und bei der die Fahrzeuge völlig auseinandergenommen und geprüft werden, was heute nach jeweils 550.000 Fahrkilometern erfolgt.

Die Werkstatt Grunewald, seit 1968 die einzige für das (in diesem Kapitel behandelte) Kleinprofilnetz, wird künftig auch die Hauptuntersuchung für die 234 Ost-Berliner Wagen vom Typ »G« übernehmen. Diese Fahrzeuge, auch »Arbeiter-und-Bauern-Container« genannt und erkennbar an ihrem Zischen, Rumpeln und Klappern, wurden ab 1975 in Hennigsdorf gebaut.

Bis 1989 verkehrten in Ost-Berlin noch Wagen des 1899 bis 1926 gebauten, ursprünglich von Grenander entworfenen Typs »A 1«, identifizierbar an seinen beiden einfachen Schiebetüren, sowie des 1928/1929 gelieferten Typs »A 2«, der Doppeltüren, eine andere Fensteraufteilung und als Zielanzeiger ein Rollband statt eines Blechschilds besaß. »Amanullah-Wagen« wurde er einst genannt, weil der König von Afghanistan während eines Berlin Besuchs 1928 einen steuern durfte.

Im Westen verkehrte seit 1973 nur noch der 1960 bis 1971 gebaute, einzige Nachkriegstyp »A 3«, ab 1966 in Leichtmetall ausgeführt («A 3L«).

Die sechzehn 1982 gebauten »A 3L 82« unterscheiden sich davon äußerlich nur durch einen eckigeren Wagenkasten, matteres Resopal und rote, rasch abgeschabte Plüschbezüge; mit ihnen sollen auch die 1992/1993 bestellten Züge weitestgehend identisch sein (Bestand vom Februar 1993: 108 Wagen aus Stahl, 252 aus Aluminium). Die Auslieferung eines neuen Prototyps »A 4« kündigte der Verkehrssenator für 1996 an, doch an diesem Termin zweifeln selbst BVG-Mitarbeiter.

Wenn die Neuen denn kommen, wird man sie wohl auf dem 867 Meter langen Prüfgleis testen, das am Bahnhof **Olympia-Stadion** neben dem Streckengleis Richtung Osten liegt.

Nachdem die Züge mit der Eröffnung von Neu-Westend schon regelmäßig hier endeten, erhielt die Station mit der Verlängerung nach Ruhleben ein neues, von Grenander entworfenes Empfangsgebäude, in dessen Obergeschoß sich ein Stellwerk befindet, das mit 13,8 Metern Länge und 168 Hebeln 1931 das größte Europas war. 1983 außer Betrieb gesetzt, bleibt es als Denkmal erhalten. Auch dieser Bahnhof wechselte mehrmals den Namen: Bis 1935 hieß er »Stadion«, dann »Reichssportfeld«, seit 1950 »Olympia-Stadion«, dem 1991 ein »Ost« hinzugefügt wurde – voreilig, denn »Süd«, nämlich den S-Bahnhof, dürfte es frühestens zur Jahrtausendwende wieder geben.

Als die Strecke bis **Ruhleben** am 22. Dezember 1929 eröffnet wurde, sollte sie »der erste Abschnitt einer Schnellbahnverbindung nach Spandau« sein, die man bis zur Kreuzung mit der S-Bahn oberirdisch ausführen wollte. Seinen U-Bahn-Anschluß erhielt der Havelbezirk aber erst Jahrzehnte später, viel teurer und über einen solchen Umweg, daß Ruhleben heute noch immer ein wichtiger Umsteigepunkt Richtung Spandau ist. Die Anlage war von Grenander ganz symmetrisch, klar und streng gestaltet worden, ein spannungsreiches Zusammentreffen gerader Linien.

Die beiden dicken vorspringenden Mauern, die den Druck des Dammes aufnehmen, sind ein gutes Beispiel seiner Methode, architektonische Wirkung mit dem konstruktiv und funktionell Notwendigen zu erzielen. Heute ist vor allem die Schalterhalle durch zahllose Ein- und Umbauten so stark entstellt, daß die extreme Transparenz, Logik und Übersichtlichkeit verlorengingen. Solcher Vandalismus wird noch dadurch verschlimmert, daß man mit seltsamem Eifer an falscher Stelle unpassende Umbauten in alter Form verkleidet.Der Unwissende glaubt nun, dies sei vom Architekten so gewollt gewesen.

Was die BVG versteckt

Drei Jahre zuvor, am 24. Oktober 1926, war am **Nollendorfplatz** der neue, wiederum von Grenander gestaltete Untergrundbahnhof in Betrieb gegangen. Damit war die Schöneberger U-Bahn an das restliche Netz angeschlossen und die Entlastungs- oder Verstärkungsstrecke fertiggestellt worden. Nach ersten Arbeiten von 1915 bis 1917 wurde an ihr wegen der Auswirkungen des Krieges erst ab Sommer 1925 weitergebaut. Über diesen Abschnitt konnten die Züge von Warschauer Brücke wieder nach Westen fahren. Ortsfremde sind dabei stets erstaunt, daß der Tunnel praktisch im zweiten Obergeschoß beginnt: Um die Anwohner möglichst wenig zu stören, wurde nicht nur die gesamte Rampe in eine Betonröhre gesteckt, sondern diese auch noch über die Dennewitzstraße hinausgezogen. So sieht man vom Zug aus auch nicht, daß man am Beginn der Rampe ein Haus durchfährt, bei dem es sich allerdings nicht um die berühmte Hausdurchfahrt der heutigen U 2 am Dennewitzplatz handelt, die im Krieg zerstört wurde.

Seit einer postmodernen »Verhübschungsaktion« Mitte der 80er Jahre ist die Station **Kurfürstenstraße** keiner Erwähnung mehr wert. Man kann nur hoffen, daß dieser Vandalismus nicht auch Nollendorfplatz widerfährt, den manche mit seinen leuchtend gelben Stationsschildern und Stützen für Grenanders gelungenstes Werk halten. Erstmals wurden hier Lichtbänder über der Bahnsteigkante eingesetzt, erstmals ein Bahnhof gebaut, dessen beide Stockwerke direkt übereinander liegen. Letzteres ist der Grund für die große Freifläche an der Zugeinfahrt Richtung Schlesisches Tor: Der untere Bahnsteig endet etwas weiter nördlich als der obere, da der untere Schienenstrang diesseits der Hochbahngleise in die Kleiststraße gelangen und somit eine schärfere Kurve machen muß. Da beide Stockwerke gemeinsame Seitenwände haben, wird dies oben sichtbar.

Kaum noch sichtbar ist dagegen jener Raum, der für den Grundriß des Eingangsbaus entscheidend war, da er symmetrisch zur Treppenanlage zum U-Bahnhof liegt: Schamhaft versteckt die BVG heute die Gedenkhalle für jene Angehörigen der Hochbahngesellschaft, die im Ersten Weltkrieg umkamen und deren Namen auf 18 Bronzetafeln festgehalten sind. Hinter drei Gittertüren ist der Raum rechterhand der Hochbahntreppen zu sehen.

Der erste, von vornherein nur provisorische Untergrundbahnhof Nollendorfplatz befand sich in der Motzstraße. In Schöneberg wollte man nämlich kurz nach der Jahrhundertwende ähnlich wie im Westend die Besiedlung durch eine bessere Verkehrsanbindung fördern und wohlhabende Berliner anlocken. Nach längerem Hin und Her beschloß das Stadtparlament am 7. September 1908, Siemens & Halske mit dem Bau einer Untergrundbahn zu beauftragen, mit dem schon am nächsten Tag begonnen wurde. Sie führte, ganz im Sinne einer »Aufschließungsbahn«, durch das gerade im Entstehen begriffene feine Bayerische Viertel und die noch öde Gegend um den neuen Stadtpark mitsamt dem riesigen Schöneberger Rathaus. Eine Verlängerung zum »Südgelände«, das rund um den Grazer Damm erst in den 30er Jahren bebaut wurde und ansonsten bis heute Kleingartengebiet ist, war ebenfalls geplant und findet sich entsprechend auf einem der Gemälde im U-Bahnhof Klosterstraße. Das rund um den Kaiser-Wilhelm-Platz gelegene, von Mietskasernen geprägte Alt-Schöneberg erhielt dagegen erst 1971 einen U-Bahn-Anschluß.

Schönebergs mutiger Alleingang

Kurzfristig versuchte die Hochbahngesellschaft, die Stadt zu überreden, die Bahn lieber zum Wittenbergplatz zu führen, da sie sich am Nollendorfplatz beim Bau ihrer Entlastungslinie eingeengt fühlte. Dies war auch der Grund dafür gewesen, daß das Unternehmen auf die Pläne Schönebergs bislang ablehnend reagiert hatte. Auch mit Wilmersdorf führte die Stadt über Jahre hinweg Gespräche, die jedoch kein greifbares Ergebnis brachten. Am Ende stand Schöneberg allein da. Erst einen Tag, bevor die knapp drei Kilometer lange Strecke am 1. Dezember 1910 eröffnet wurde, konnte man einen Vertrag über eine Tarifgemeinschaft mit der Hochbahngesellschaft schließen, die außerdem nach einem Jahr die Betriebsführung der Schöneberger U-Bahn übernehmen sollte. Dabei handelte es sich bis zum Bau des neuen Bahnhofs Nollendorfplatz um einen Inselbetrieb, der mit zunächst zwölf, später mit achtzehn Triebwagen durchgeführt wurde, die nahezu baugleich mit den Modellen der Hochbahngesellschaft waren.

Da man auf einen Anschluß an deren Netz spekulierte, verboten sich Alleingänge auf technischem und betrieblichem Gebiet von vornherein. Aber auch architektonisch orientierte man sich an ihrem Vorbild, wenngleich man zur Betonung seiner Eigenständigkeit andere Baumei-

ster beauftragte. Mit offenen Kappendecken, den unverkleideten, am Sockel und am Kopf überall gleich ausgebildeten Stahlstützen, der grauen Fliesung in Mauerwerksform und dem Kennfarbensystem ließ Grenander hier überall grüßen. Pompöser waren allerdings die Eingänge, stets in Naturstein und teils mit riesigen Pfeilern, die dann noch von Laternen bekrönt wurden. Mit ihnen demonstrierte Schöneberg seine zu-

Alter Zugzielzeiger am Viktoria-Luise-Platz

mindest finanzielle Überlegenheit gegenüber der Hauptstadt. Leider hat von den Zugängen nur ein Exemplar am **Viktoria-Luise-Platz** überdauert – ohne die alten Laternen. Auf diesem Bahnhof findet sich auch noch einer jener Zugzielanzeiger, wie sie jahrzehntelang bei der Berliner U-Bahn benutzt wurden.

Die letzte erhaltene Vorhalle dieser Strecke besitzt **Bayerischer Platz**. Oberirdisch ist vom alten Nordeingang – einst eine Muschelkalkpergola mit Transparent, das von hohen Vorderpfeilern flankiert und einem schmiedeeisernen Rundgiebel bekrönt wurde – nur der Sockel geblieben. Am Südende von Platz und Bahnhof errichtete man 1970 einen neuen Eingangsbau im klobigen Stil der Zeit. Das ursprünglich inmitten der Gartenanlage stehende Portal war jedoch nicht erst für die bereits 60 Jahre zuvor geplante Querlinie abgerissen worden, sondern schon 1956/1957, als es dem ungehinderten Autoverkehr im Wege stand, für den die Grunewaldstraße quer durch den Platz geschlagen wurde.

Daß dieser schon vorher schwer gelitten hatte, ist auch unter der Erde zu erkennen: Am südlichen Ende des Bahnsteigs sind die Wandfliesen hellblau statt grau, ihre Umrahmung in einem dunkleren Blau, der Sockel in einem dunkleren Grau gehalten; die Stützen haben teilweise ihren Schmuckkopf verloren oder sind durch ganz glatte, nietenlose ersetzt worden. Gegen Ende des Zweiten Weltkrieges fehlten an dieser Stelle Bahnhofsdecke und -wände, die Station war so schwer beschädigt, daß sie erst am 15. Juli 1949 wieder in Betrieb gehen konnte.

Das ganze Bayerische Viertel war zu rund 90 Prozent zerstört worden. Am architektonischen Mischmasch, der den Viktoria-Luise-Platz umgibt, dessen Gartenanlage erst in den 80er Jahren im »vornehmen« Stil der Kaiserzeit wiederhergestellt wurde, kann man es ebenso sehen wie am Bayerischen Platz. Seine östliche Wand schloß man nicht wieder, sondern stellte bei der Neubebauung um 1960 die Häuserzeilen quer, verbunden durch einen flachen Ladentrakt, wie man es schon in den 20er Jahren erprobt hatte. Mit derart »aufgelockert« angeordneten schlichten Wiederaufbaukästen wurde fast das gesamte Bayerische Viertel zugestellt, wobei man sich allerdings weitestgehend am alten Straßenraster orientierte: Die Stadt buchstäblich von Grund auf neu zu bauen, hatte man inzwischen wegen der horrenden Kosten aufgegeben.

U-Bahnhof mit Parkblick

Noch schwerer als Bayerischer Platz wurde die Station Stadtpark zerstört, die erst am 15. Mai 1951 als **Rathaus Schöneberg** wieder in Betrieb ging, allerdings ohne die frühere Fliesenverkleidung und das Kassenhäuschen aus Eichenholz. Beim Bau der Station machte man aus der Not eine Tugend, denn der »Schwarze Graben«, eine eiszeitliche Schmelzwasserrinne, die in den Seen der Villenkolonie Grunewald und dann in der Kette aus Grunewaldsee, Krumme Lanke und Schlachtensee ihre Fortsetzung findet, zog sich bis in diese Gegend. Wo die Schöneberger U-Bahn die Talmulde durchqueren sollte, ist die darunterliegende Moorschicht sieben Meter dick. Ausbaggern wäre zu teuer, unterfahren bei der damaligen Berliner U-Bahn-Bauweise kaum möglich gewesen. Eine Gründung mit Holzpfählen hätte wege der Säuren im Moor nicht lange gehalten. Statt dessen versenkte man drei 70 Meter lange und anderthalb Meter breite Betonpfeiler, die bis auf den tragfähigen Grund reichen, umgab diese mit Spundwänden und legte auf alles eine Eisenbetonplatte als Fundament für die U-Bahn, die man geradlinig durch den Graben führte, so daß sie hier über der Erde liegt. So konnte man in bisher ungekanntem Maße der Lust am Tageslicht im U-Bahnhof frönen und schuf eine ebenso repräsentative wie aufsehenerregende Anlage, gestaltet von Emil Schaudt, dem Architekten des KaDeWe und des Hamburger Bismarck-Denkmals. Sie bildete zugleich den Mittelpunkt des Stadtparks, den man in dem als Baugrund ungeeigneten, zur Bepflanzung mit Sand vom U-Bahn-Aushub aufgeschütteten Graben anlegte. Die Grünfläche, die nahtlos in den Wilmersdorfer Volkspark übergeht, wurde später nach Rudolf Wilde benannt, den Schöneberger Bürgermeister, der das U-Bahn-Projekt wesentlich vorangetrieben hatte, doch kurz vor seiner Eröffnung gestorben war.

Geht es um Berlins städtebauliches Gesicht, so spricht man gern davon, daß nach dem Zweiten Weltkrieg eine weitere Zerstörung durch die Stadt- und vor allem auch Verkehrsplanung geschah. An keiner anderen Stelle im Berliner U-Bahn-Netz wird dies so deutlich wie am **Innsbrucker Platz**. Schon 1954 hatte man hier den Eingang mitsamt dem Vorraum beseitigt, weil er dem Verkehr im Wege war. Bruno Grimmek

U-Bahn-Bau in der »Wüste«, 1908.

Heute ist hier die Innsbrucker Straße, im Hintergrund der Bayerische Platz.

entwarf als neuen, in der Bahnhofsmitte gelegenen Eingang eine nur aus Glas und einem dünnen Stahlrahmen bestehende Halle. In den 70er Jahren mußte dann nicht nur sie, sondern auch ein großer Teil der Bahnsteighalle dem Tunnel des Autobahnstadtrings weichen. Die U-Bahn endet nun abrupt an Granitwänden, und die S-Bahn-Station erhielt einen Eingang aus Sichtbeton. Bis dieser direkte Ringbahnanschluß 1933 eröffnet wurde, hieß der Endpunkt der U4 »Hauptstraße«.

Während Siemens & Halske die Bahn ausgeführt hatte, war die Stadt Schöneberg Bauherr geblieben und besaß somit die erste kommunale U-Bahn Deutschlands. Der mutige Schritt, der mit knapp 13 Millionen über eine Million Mark weniger als kalkuliert gekostet hatte, zahlte sich letztendlich jedoch kaum aus: Die Schöneberger Strecke blieb ein Torso, da weder die Verlängerungen im Süden (wo man sogar von Stahnsdorf als Endpunkt geträumt hatte!) noch im Norden erfolgten, wo man vor allem auf eine Verbindung zum Potsdamer Platz und zur Friedrichstraße gehofft hatte. Selbst der direkte Anschluß an das übrige Netz mit den Zügen in Richtung Kreuzberg brachte wenig: Wer in die City wollte, mußte weiterhin umsteigen. Die verkehrliche Bedeutung der Strecke war so gering, daß es kaum auffiel, als die im Zehn-Minuten-Takt pendelnden Zwei-Wagen-Züge 1980 für einige Monate gar nicht fuhren, weil man die U 4 sanierte (deshalb sind hier die Tunnelwände heute noch so hell) und auf automatischen Betrieb umstellte. Seit Mai 1981 fährt die U 4 nach dem System »Seltrac« der Firma SEL, das zuvor auf dem stillgelegten Hochbahnteil am Gleisdreieck erpobt worden war. Im Gegensatz zur Automatik auf der U 9 kann hier die ganze Linie von zwei bis drei Leuten an Monitoren und Steuerpulten im Regionalstellwerk Nollendorfplatz betrieben werden. Zur Beruhigung der Fahrgäste sitzen aber weiterhin BVGler in den Führerständen und auf den Bahnsteigen.

Erheblich mehr Glück als den Schönebergern war den Wilmersdorfern beschieden: Auch sie hatten seit der Jahrhundertwende U-Bahn-Pläne gehegt, 1907 aber ein Angebot von der Hochbahngesellschaft erhalten. Offenkundig suchte das Unternehmen nach einer Möglichkeit, durch höhere Einnahmen die Entlastungslinie zu refinanzieren, für deren Anschluß sich bei einem Abzweig vom Wittenbergplatz weniger

Probleme als am Nollendorfplatz ergaben. Noch während der Verhandlungen hatte die »Königliche Kommission zur Aufteilung der Domäne Dahlem« ihr Interesse bekundet, die Wilmersdorfer Strecke nicht nur auf eigene Kosten zu verlängern, sondern der Stadt auch noch einen Zuschuß von 2,5 Millionen zu zahlen. Zwei Millionen hatte Wilmersdorf bereits von den Terraingesellschaften erhalten, die das an der Bahn gelegene Brachland vermarkten bzw. bebauen wollten, so daß von den geschätzten Gesamtkosten nur noch elf Millionen die Stadtkasse belasteten.

Wittenbergplatz verschandelt

Ärger machte, noch nach dem Vertragsabschluß im Jahre 1908, nur Charlottenburg, dessen Gebiet die Strecke zwischen Wittenberg- und Nürnberger Platz durchqueren mußte: Eine Kurfürstendamm-Linie planend, verlangte die Stadt, daß die Wilmersdorfer U-Bahn sich dieser etwa an der Leibnizstraße anschlösse. Damit wollte man die Umwandlung der gerade erst entstandenen ruhigen Wohn- in eine Geschäftsgegend, die mit der Eröffnung des KaDeWe 1907 begonnen hatte, weiter vorantreiben. Nach über einem Jahr des Streits konnte die Hochbahngesellschaft Charlottenburg schließlich mit der Zusage zufriedenstellen, beim Umbau des Bahnhofs Wittenbergplatz auch gleich die »Anschlußstrecke« zum Ku'damm zu bauen. Auf diesen »Deal«, für den die Stadt zweieinhalb Millionen zahlte, hätte sie sich besser nicht einlassen sollen, denn an den Stummel zur Uhlandstraße ist bis heute nichts »angeschlossen« worden.

Aus diesem Grund ist auch der Bahnhof **Wittenbergplatz** ein Fragment geblieben, erkennbar an der auffälligen Unregelmäßigkeit der ansonsten streng symmetrischen Anlage: Der nördliche Seitenbahnsteig mit dem sechsten Gleis wurde nie gebaut.

Seite 60/61: Eingangshalle Wittenbergplatz kurz nach dem Wiederaufbau 1951

KaDe
Bahnsteig I
Züge in Richtung
Ruhleben
Krumme Lanke
ZIGARREN

Ausgang
Bahnsteig I
Züge in Richtung
Ruhleben
Krumme Lanke

Das aber, was gebaut wurde, langte vielen Charlottenburgern bereits vor Eröffnung der neuen Strecken am 12. Oktober 1913. Bis in die Stadtverordnetenversammlung hinein diskutierte man die »durch Hochführung des Bahnhofsgebäudes bewirkte Verunstaltung des Wittenbergplatzes und seiner Umgebung«. Nur weil die Hochbahngesellschaft Geld sparen wollte, sei die Schalterhalle nicht unterirdisch angelegt worden, »und der Magistrat unterstützte sie in diesem löblichen Vorhaben leider auf Kosten der städtischen Interessen«, beklagte seinerzeit etwa der »Berliner Lokal-Anzeiger«. Statt der vom Parlament genehmigten 2,8 Meter hohen Passerelle sei das 15 Meter aufragende Gebäude errichtet worden, »durch das die Anwohner der Kleiststraße in ihren materiellen Interessen auf das schwerste geschädigt sind« und »das in seinen Größenverhältnissen zum Sperrblock zwischen der Tauentzien- und der Kleiststraße geworden ist, beide Straßen voneinander einfach trennt und sie in der Perspektive zu Sackgassen macht«. In einer Petition ersuchten die Bürger um den Abriß der Halle oder zumindest des hohen Giebels.

1945 war der Bau rund zur Hälfte zerstört, der Westflügel mußte ebenso völlig neu gebaut werden wie der Turm, den man kurzerhand gerade aufmauerte. Überhaupt hatte man keine Lust, sich mit all den »überladenen Verzierungen« aufzuhalten, wie man es in einer BVG-Schrift nannte. Die Wände wurden einheitlich mit weißen Opakglasplatten belegt, neue Passimeter frei in den Raum gestellt, die Decken mit lichtdurchlässigem Material abgehängt. Nur daß man darüber keinen weiteren Ausbau vornahm, dürfte am knappen Geld gelegen haben. Ansonsten bemühte man sich um eine gradlinige, transparente Neugestaltung, wie sie wohl auch Grenander vorgenommen hätte, hätte man ihn später noch einmal an sein Werk gelassen.

Für die Zeit vor 1914 war es typisch für ihn, daß er an einem repräsentativ gedachten Ort in recht klobigen Neoklassizismus verfiel, wie auch die wenigstens teilweise erhaltenen Portale am Theodor-Heuss- und Richard-Wagner-Platz zeigen. Aber die Kreuzform der Halle am Wittenbergplatz beispielsweise war zugleich die übersichtlichste und logischste Organisation des Eingangs-, Ausgangs- und Umsteigeverkehrs.

Wittenbergplatz war 1980 der erste U-Bahnhof, der, gegen den zähen Widerstand der BVG, unter Denkmalschutz gestellt wurde. Inzwischen geschah dies mit der gesamten von hier abgehenden Strecke nach Krumme Lanke, wobei auch zwei 50er-Jahre-Bahnhöfen Schutz zuteil wurde. Ursprünglich folgte als nächster Halt Nürnberger Platz. Dieser Bahnhof lag größtenteils noch in Charlottenburg, somit in der Zuständigkeit der Hochbahngesellschaft, und sah genauso aus wie die bis 1913 völlig neu gebaute Bahnsteighalle am Wittenbergplatz oder jene an der **Uhlandstraße**, die sich nur durch die ovalen Stationsschilder von denen der »Innenstadtstrecke« unterschieden. Doch Nürnberger Platz, dessen Kennfarbe Gelb war, lag ungünstig zur in den 50ern angelegten U 9. Deshalb richtete man die am 2. Juni 1959 eröffnete Station **Spichernstraße** ein, während dafür die aufgegebenen Abstellgleise an die Stelle der Station Nürnberger Platz traten, die man restlos beseitigte. Wegen des großen Abstands zum Wittenbergplatz ging am 8. Mai 1961 **Augsburger Straße** in Betrieb, der aber von Anfang an ein toter Bahnhof war.

Ein Muß für Schnörkelfanatiker

Was nach den beiden »Fifties-Stationen« folgt, ist ein Muß für Schnörkelfanatiker und Liebhaber von Prunk und Pomp. Hatte es den Schönebergern noch gereicht, mit den Eingängen gegenüber Berlin aufzutrumpfen, so glaubte das noch wohlhabendere Wilmersdorf, auch mit den Bahnhofshallen protzen zu müssen.

Dahinter steckte eine psychische Disposition, wie wir sie ganz ähnlich heute wieder finden und wie sie sich künftig noch verstärken wird: Schon damals war das Umland von der Wirtschaftskraft der Hauptstadt nahezu völlig abhängig. Berlin war die Lokomotive, hier arbeiteten die Menschen, die dann in den ruhigen, vornehmen Gegenden des Westens und Südwestens wohnten. Wilmersdorf, Zehlendorf, Steglitz, Friedenau und wie sie alle heißen, waren – um einen späteren Begriff zu gebrauchen – »Schlafstädte« (die einzige Ausnahme bildete Charlottenburg, wo sich rund um den Zoo ja schon vor dem Ersten Weltkrieg eine zweite City zu entwickeln begann). Gerade aus dem Bewußtsein der

Abhängigkeit heraus, die zugleich volle Stadtkassen bescherte, meinte man, sich Berlin gegenüber profilieren zu müssen. Neben den ausladenden Rathäusern, die um 1910 vielerorts gebaut wurden, ist dafür die Wilmersdorfer U-Bahn ein hervorragendes Zeugnis.

Man verbaute Muschelkalk, Sandstein und Marmor – alles teuer und vom Feinsten. Die Eingänge bestanden grundsätzlich aus Steinumwehrungen mit hohen Pfeilern, als Treppenwandung diente polierter Granit, die schmiedeeisernen Abschlußtore waren aufwendig verziert, für die Kassenhäuschen verwendete man Eichenholz – das heute leider meist angemalt ist -, in den Bahnsteighallen standen klobige, mit Stein oder Keramik ummantelte Stützen, die Deckenträger versteckte man hinter dickem, teilweise zu Kassetten geformtem Stuck und schmückte das dann auch noch oft mit Mosaiken.

Gut erhalten ist die Station **Hohenzollernplatz**, wo in der Bahnhofsmitte der Grundstein für die ganze Strecke vom 5. Oktober 1909 zu sehen ist. Hier veränderte man nach 1945 nur den Westeingang, indem man die beiden Adler von der Stirn- an die Rückseite versetzte und so anordnete, daß sie nun einander anblicken. Einen Stilbruch stellen allerdings die Bahnsteigbänke dar: Nicht nur, daß sie unpassend schlicht sind, weil sie einem Entwurf aus den 20er Jahren folgen; vor allem stammen sie von der S-Bahn. Dieses Kuddelmuddel ist wieder BVG-typisch: Auf 70er-Jahre-Stationen tauchen plötzlich Bänke aus den 50ern, auf 20er-Jahre-Haltestellen Sitzmöglichkeiten aus den 70ern auf und so weiter.

Anders sieht es mit der Gestaltung der Wände aus: Da auf den für heutige Norm-Größen zu kleinen Werbeflächen seit einigen Jahren Fotos oder Gemälde prangen, gibt es leider nicht mehr den schrillen Gegensatz zwischen »gediegener« Wandverkleidung und bunten Reklameplakaten. Denn auf den Wilmersdorfer Stationen stört eigentlich alles, was mit der U-Bahn zu tun hat, seien es nun die Fahrtrichtungsanzeiger, die Lautsprecher oder auch der Gleiskörper. Dabei handelt es sich aber keinesfalls um instinktlose Entstellungen späterer Jahre. Der Wilmersdorfer Baubeamte Wilhelm Leitgebel, der dies alles – bis auf die Tore und einzelne Bildhauerarbeiten – entwarf, und seine Auftraggeber haben ja gewußt, daß sie Anlagen für die U-Bahn errichteten und was zu deren Betrieb gehört. Aber sie scherten sich einen Dreck darum und ergingen sich lieber in einer Gestaltung wie am **Fehrbelliner Platz**, die noch den ganzen Muff des 1913 längst überwundenen Historismus mit seinen düsteren, stickigen Räumen atmet. Die Gitter, die hier die Mitteltreppen umrahmen, standen übrigens auf der Kaiserdammbrücke, bis diese wegen der Autobahn verlängert werden mußte. Wenig übriggeblieben ist auch von der Brücke, die die U-Bahn hinter dem Fehrbelliner Platz überführt: Durch kleine Löcher dringt Tageslicht ein, neben den Gleisen sieht man freie Flächen, die usprünglich Wandelgänge waren. Mit der Seeparkbrücke wollte man dem Bahnhof Rathaus Schöneberg ein repräsentatives Pendant geben. Leider hatte man die Überquerung des Fenngeländes aber weniger gut fundamentiert als die Schöneberger: Das Bauwerk begann langsam in den moorigen Boden zu sinken, woraufhin man es seiner schweren Schauarchitektur radikal entkleidete.

Der Gewölbebahnhof am **Heidelberger Platz** ist dagegen voll und ganz erhalten, einzig der Nordeingang wurde auf die Bürgersteige verlegt. Der Übergang zur S-Bahn war schon 1913 geplant worden, kam an der entsprechenden Stelle aber erst 80 Jahre später zur Ausführung, weil die einzelnen Verkehrsträger lange Zeit mehr an Konkurrenz denn an Kooperation interessiert waren. Als es noch keine Massenmotorisierung gab, konnte man sich diese Arroganz leisten ...

Am **Rüdesheimer Platz** schließlich, dem Zentrum des vornehmen »Rheingau-Viertels«, ist nicht nur der Bahnhof bemerkenswert, sondern vor allem die Platzanlage selbst. Ihre terrassenartigen Vorgärten waren als Vorbild für ein ganzes »Gartenstraßennetz« gedacht. Durch eine Autobahnbrücke verschandelt wurde dagegen der erst in den 20er Jahren umbaute **Breitenbachplatz**, der zunächst »Rastatter Platz« hieß und erst mit der Bahneröffnung den Namen des preußischen Ministers der öffentlichen Arbeiten erhielt, der sich besonders für den Bau der Strecke eingesetzt haben soll.

Leider gestaltete man den Platz damals auch zum Oval um, so daß der Mitteleingang erst 1969, und dann in schäbiger Form, ausgeführt wurde. Der Pfeilerkranz des Westeingangs war schon früher abgesägt worden.

Nehme Bahn nur mit Beigabe

Nach 4,4 Kilometern endete hier die Wilmersdorfer Zuständigkeit, Dahlem begann und damit die 2,8 Kilometer lange Strecke, die der Staat finanzierte bzw. seine Kommission, die das bis dahin landwirtschaftlich genutzte Areal der »Domäne« zur Besiedlung aufteilen und verkaufen sollte. Der Botanische Garten war gerade erst hierher verlegt, die Kaiser-Wilhelm-, später Max-Planck-Institute gegründet worden – Einrichtungen, auf die der Bahnhof Breitenbachplatz mit seinen Tier-, Pflanzen- und Naturwissenschaftsmotiven Bezug nimmt. Auch der Bau eines großen Museumskomplexes hatte 1913 erst begonnen. Da kaum jemand hier wohnte, führte man die Strecke im Einschnitt, der allerdings tief genug lag, um ihn später problemlos zu »überdeckeln«. Mittlerweile steht auch diese Streckenform unter Denkmalschutz.

So öd die Gegend war, so defizitär war der Bahnbetrieb. Schon in der Eröffnungsschrift von 1913 heißt es, zwischen Fehrbelliner und Thielplatz solle »vorerst ein Pendelverkehr mit kurzen Zügen« betrieben werden, »für später ist in Aussicht genommen, die Stammbahnzüge bis zum Bahnhof Breitenbachplatz durchzuführen«. Teilweise pendelten nur einzelne, extra umgebaute Wagen. Doch auch noch Mitte der 20er Jahre war die Dahlemer Strecke ein Zuschußbetrieb und nicht, wie damals bei öffentlichem Nahverkehr üblich, ein einträgliches Geschäft. Groß-Berlin hatte sich nach seiner Bildung 1920 deshalb geweigert, die Bahn vom preußischen Staat zu übernehmen, war dazu bis vors Reichsgericht gezogen und hatte recht bekommen.

Nachdem ein Großteil des Geländes im Einzugsbereich der Bahn verkauft worden war, bot Preußen schließlich Anfang 1928 an, die Bahn Berlin schuldenfrei zu übertragen, eine Million Mark »Pauschalabfindung« für künftige Verluste zu zahlen, kostenlos Gelände für eine Streckenverlängerung zur Verfügung zu stellen und auch noch 850 000 Mark Baukostenanteil zuzusteuern. Hinzu trat der Sommerfeld-Konzern, auf dessen Gelände gemeinnützige Wohnungsunternehmen seit 1926 Siedlungen errichteten. Auch er winkte mit den nötigen Flächen für eine

Nur die U-Bahn stört: Heidelberger Platz

U-Bahn-Erweiterung, wollte darüber hinaus aber auch noch die Rohbauten erstellen und die Endstation fix und fertig errichten. Mit dem Bau der Strecke wurde im April 1929 begonnen, und schon am 22. Dezember konnte sie in Betrieb genommen werden.

Im Gegensatz zu den so einfach wie möglich ausgeführten Bahnsteigen hatte man es sich 1913 in Dahlem nicht nehmen lassen, bei den Zugängen ordentlich zu protzen und möglichst jeden Gedanken an ihre Bestimmung zu unterbinden: Die Station **Podbielskiallee** präsentiert sich außen als Festungsbau, innen als rustikaler Gasthof (Architekt: Heinrich Schweitzer); **Dahlem-Dorf** als niedersächsisches Fachwerkbauernhaus mit Reetdach (das auch schon mal abbrannte), im Innern ein großes goldenes Flügelrad auf einem Holzleuchter, davor wird die Bahn so zugedeckt, daß Raum für einen Schmuckplatz bleibt (Entwurf: Fritz und Wilhelm Hennings, wobei auch Wilhelm II. wieder mal in die Gestaltung hineingefummelt haben soll). Der Bahnhof **Thielplatz** ist im damals modernen Landhausstil errichtet worden, wobei Hermann Muthesius' berühmtes Haus Freudenberg an der Rehwiese Heinrich Straumer als Vorbild gedient haben soll (bis man 1970 unbedingt eine Straße bauen mußte, blickte man hier vom Bahnsteig übrigens nicht auf die blaue Spundwand, sondern direkt in den Thielpark). Dieser Mummenschanz, wie in Wilmersdorf veranstaltet für ein großbürgerliches Publikum, das noch immer im wilhelminischen Zeitalter schwelgen wollte, war schon 1913 kritisiert worden: »Wenn erst die neue Serie der in Bau begriffenen Bahnhöfe fertig sein wird, dürfte Berlin durch solche Musterbeispiele der Ingenieurarchitektur die kläglichen Sentimentalitäten, mit denen einige Vororte U-Bahnhöfe als Burgen oder Strohdachhütten glaubten ausbilden zu müssen, einigermaßen beschämen«, wurden in der Zeitschrift »Moderne Bauformen« Grenanders Stationen der Innenstadtstrecke mit den historisierenden in Dahlem verglichen.

1929 hatte sich dann die moderne Architektur wenigstens bei der U-Bahn durchgesetzt. Entsprechend sind hinter Thielplatz die Brücken auch nicht mehr mit Naturstein verkleidet, sondern simple Durchlässe in roten Klinkermauern, die man so weit hochzog, daß sie zugleich die Brüstung bilden. Bei der Station **Oskar-Helene-Heim** freilich, dem

»Hauptbahnhof« der US-Army, die nebenan im ehemaligen »Luftgaukommando« bis Ende 1994 ihr Hauptquartier hat, passen Außen und Innen noch nicht zusammen: Wie in Dahlem-Dorf errichtete Friedrich Hennings ein Bauernhaus, die Schalterhalle dagegen ist mit den gleichen grünen Fliesen verkleidet, wie man sie auch am Alexanderplatz findet. Ganz anders **Onkel Toms Hütte**, benannt nach der 20er-Jahre-Siedlung, an der mit Bruno Taut, Hugo Häring, Hans Poelzig und Otto Rudolf Salvisberg führende deutsche Architekten der Zeit beteiligt waren. Salvisberg zeichnete auch für den Block verantwortlich, in dessen Mitte der Bahnhof liegt, sowie für die 1931 gebaute Ladenstraße, die ihn umschließt. Die Station selbst gestaltete wiederum Grenander, der seine Hochform allerdings erst am Endbahnhof **Krumme Lanke** fand, wo er auch den Wagenschuppen, das Wohnhaus und das Umformerwerk der 1968 stillgelegten Betriebswerkstatt entwarf. Sein Eingangsbau, bereits 1934 entstellt, 1988 wegen Einsturzgefahr abgerissen und danach unter Verwendung einiger alter Teile originalgetreu rekonstruiert, ist eine U-förmige Halle, an deren Spitze neun im Halbkreis angeordnete Doppelflügeltüren zum Betreten einladen. Das Dach der niedrigeren Seitentrakte wird zum Vordach, gliedert den Bau und gibt ihm dabei zugleich eine gewisse Dynamik. Durch Oberlichter wird die Schalterhalle erhellt.

Kurz vor seinem Tod, mit über 65 Jahren, schuf Grenander ein solches Spitzenwerk der Neuen Sachlichkeit. Seine 1929/1930 entstandenen Spätwerke ließen den Architekturhistoriker Nikolaus Pevsner noch 1972 bemerken, Berlin habe Ende der 20er Jahre über »die modernste Verkehrsarchitektur des damaligen Europa« verfügt.

U
Französische Straße

Große Wagen, große Pleiten

Die U 6 zwischen Seestraße und Tempelhof,die U 7 zwischen Mehringdamm und Grenzallee

Manchmal braucht man keine besonderen Architekturkenntnisse, um einzuschätzen, wann ein Bahnhof oder gleich eine ganze Strecke gebaut worden ist: Während praktisch alle Berliner U-Bahnhöfe Keramik- oder Natursteinverkleidungen besitzen, sind die Wände der Stationen unter der Chaussee- und Friedrichstraße – mit Ausnahme des Bahnhofs Friedrichstraße – verputzt. Das wirkt ärmlich und war auch die Notlösung einer armen Zeit. Durch den Ersten Weltkrieg wirtschaftlich ruiniert und von der Inflation gebeutelt, gab es in Deutschland kein Geld mehr, die ursprünglich vorgesehene Fliesenverkleidung zu bezahlen.

Und noch einen Unterschied zwischen der Friedrich-/Chausseestraßenstrecke (heute U 6) und den Linien 1 bis 4 bzw. 15 kann der Laie schnell erkennen: Die Wagen sind höher, länger und breiter. Und wer die Stromschienen betrachtet, sieht, daß diese nicht stehen, sondern an einer seitlichen Halterung hängen und daß ihre Oberseite nicht blank daliegt, sondern abgedeckt ist, weil sie von unten bestrichen werden.

In diesen Differenzen zwischen »Großprofil« und »Kleinprofil« drückt sich nicht nur die Abkehr von der Haltung aus, die U-Bahn so platzsparend wie möglich zu bauen, um sie in der öffentlichen Meinung besser durchsetzen zu können. Sie ist vor allem das Ergebnis eines Stimmungsumschwungs in der Berliner Verwaltung: Dort hatte man um die Jahrhundertwende erkannt, daß sich die Verkehrsprobleme der rasant wachsenden Metropole nicht auf privatwirtschaftlicher Ebene lösen ließen, sondern die Stadt eine aktive Verkehrspolitik betreiben mußte, zu der auch die Gründung eigener Transportunternehmen gehörte. Außerdem war der U-Bahn-feindliche Stadtbaurat Hobrecht 1897 von Friedrich Krause abgelöst worden, der dem neuen Verkehrsmittel positiv gegenüberstand.

So wurden die Anträge von Siemens & Halske bzw. der Hochbahngesellschaft, ihre Strecke vom Potsdamer Platz aus weiter in die Innenstadt zu bauen und außerdem so zu verlängern, daß über das große Ringstraßenfragment aus Bernauer, Eberswalder, Danziger/Dimitroff-, Petersburger und Warschauer Straße ein Ring entstünde, von der Stadt abgelehnt, da diese mittlerweile eigene U-Bahn-Pläne hegte. Besonders im Auge hatte man dabei die schon von Siemens 1880 favorisierte Friedrich- und Chausseestraße. Aber die 1901, also noch vor Inbetriebnahme der ersten Siemensschen Strecke, von Krause vorgelegten Pläne für eine Linie von der Seestraße zum Belle-Alliance-Platz (dem heutigen Mehringplatz) und weiter über die Yorck- und Haupt- zur Eisenacher Straße in Schöneberg zerschlugen sich teilweise, als die Berliner Nachbargemeinde 1904 eigene U-Bahn-Pläne publizierte. Als neuer Endpunkt wurde nun der Kreuzberg anvisiert.

Berlin bestraft Tempelhof

Doch dann begann man, sich mit der kleinen Landgemeinde Tempelhof um den Erwerb des Tempelhofer Feldes zu streiten. Der westliche Teil dieses alten Exerzierplatzes, aus dessen östlicher Hälfte später der Flughafen werden sollte, war vom Kriegsministerium zum Verkauf ausgeschrieben worden. Trotz aller Bemühungen Berlins ging das attraktive Bauland jedoch an Tempelhof, woraufhin die Reichshauptstadt 1910 beschloß, ihre U-Bahn »zur Strafe« bereits an der Belle-Alliance-Straße (dem heutigen Mehringdamm) enden zu lassen. Erst nachdem der Polizeipräsident die Baugenehmigung für die Strecke davon abhängig machte, daß sie weitergeführt würde, einigte man sich 1914 mit Tempelhof. Ein Jahr später konnte man dann endlich den Vertrag mit Neukölln, wohin ein zweiter südlicher Streckenast führen sollte, abschließen. Die Gemeinde verpflichtete sich, nach dem Bau der Berliner

Linie bis zum Hermannplatz diese auf dem eigenen Stadtgebiet weiterzuführen.

Die Zeitläufe verstärkten noch die negative Wirkung des langwierigen Behördengerangels: Nachdem 1912 mit dem Bau der »Nordsüdbahn« genannten Strecke begonnen worden war (nicht zu verwechseln mit der unter dem gleichen Namen bekannteren, erst 1933 bis 1939 gebauten Tunnelstrecke der S-Bahn), war bei Ausbruch des Ersten Weltkrieges zwei Jahre später erst ein kleiner Teil der Strecke fertiggestellt, die Friedrichstraße eine einzige Baugrube. Zeitgenössischen Berichten zufolge nutzte der Krieg dem U-Bahn-Bau zwar insofern, als der Verkehr auf dieser wichtigen Nordsüdachse zurückging. Andererseits waren Kraftfahrzeuge und Pferde vom Militär konfisziert worden, so daß man zur Abfuhr des Bodenaushubs und zum Antransport des Baumaterials auf Güterbahnen zurückgreifen mußte, die mit dem nächsten Wasserlauf verbunden waren.

Schon 1916 standen so wenige männliche Arbeitskräfte zur Verfügung, daß die Erdarbeiten größtenteils von Frauen ausgeführt wurden. Und die Befürchtungen, die die Hausbesitzer bereits 35 Jahre zuvor gegen die damals geplante Hochbahn gehegt hatten, bestätigten sich nun: In der schmalen Straße, in die man jetzt eine U-Bahn einbaute, mußte man so dicht an die Fundamente der Häuser herangehen, daß etliche vom Einsturz bedroht wurden und mit Pfählen vom Bürgersteig aus abgestützt werden mußten.

Doch trotz aller Mühen schufen Streiks, Materialmangel und schließlich auch noch die Inflation derartige Probleme, daß der Bau eingestellt werden mußte. 1921 erwog man sogar ernsthaft, die halbfertigen Tunnel wieder zuzuschütten. Und dies, obwohl eine Nord-Süd-Schnellbahnverbindung inzwischen weit dringlicher geworden war als in der ersten Planungsphase 20 Jahre zuvor: Das Netz der Hochbahngesellschaft hatte sich vor allem in Ost-West-Richtung entwickelt, also in der gleichen Achse wie die seit 1882 betriebene Stadtbahn. Die Nord-Süd-Strecke schloß als Querverbindung eine entscheidende Lücke und bot in ihrem vorgesehenen Endzustand sechs Umsteigepunkte zu anderen wichtigen Bahnlinien. Durch die Initiative reicher Nachbargemeinden sowie verschiedener Bodenspekulanten bediente die Hochbahngesellschaft außerdem hauptsächlich den weitläufiger besiedelten, wohlhabenden Westen, derweil Berlin (dessen Stadtgebiet vor 1920 in etwa den heutigen Bezirken Mitte, Tiergarten, Wedding, Prenzlauer Berg, Friedrichshain und Kreuzberg entsprach) nur die Innenstadtstrecke vom Potsdamer Platz zur Schönhauser Allee besaß sowie die (absichtlich!) an der Peripherie verlaufende erste Hochbahn. Doch erst, nachdem man errechnet hatte, daß ein Abbruch der Arbeiten ungefähr genausoviel kosten würde wie ihre Vollendung, entschloß man sich zum Weiterbau.

1922, also noch während der grassierenden Inflation, gründete die inzwischen zur Einheitsgemeinde »Groß-Berlin« gewordene Stadt die »Nordsüdbahn AG«, die am 30. Januar 1923 schließlich den ersten Streckenabschnitt zwischen Stettiner Bahnhof (heute Zinnowitzer Straße) und Hallesches Tor in Betrieb nahm. Aus der beabsichtigten Konkurrenz zur Hochbahngesellschaft wurde jedoch nichts: Vor allem, da das Geld nicht mehr zur Beschaffung eigener Wagen gereicht hatte, mußte man ihr die Betriebsführung übertragen. Je 24 umgerüstete Trieb- und Beiwagen stellte das noch immer private Unternehmen aus seinem Fahrzeugpark zur Verfügung, unter anderem versehen mit seitlichen Bohlen, um die Lücke zwischen Kleinprofilfahrzeugen und Großprofilbahnsteigen zu überbrücken.

Doch nicht nur mit den Fahrzeugen und der Technik wollte sich die Stadt ursprünglich von der Hochbahngesellschaft abgrenzen. Auch architektonisch bemühte man sich um ein eigenständiges Profil. Bei der Konstruktion der Tunnel etwa verzichtete man auf Mittelstützen, so daß ein entgleisender Zug einerseits die Stabilität des Bauwerks nicht gefährden und andererseits leichter geborgen werden kann. Leider ist die einzige Station, die dokumentierte, wie man sich die Haltepunkte vorgestellt hatte, der Neubauwut der Nachkriegszeit zum Opfer gefallen. Der Bahnhof **Leopoldplatz** war als einziger noch vor dem Ersten Weltkrieg fertiggestellt worden und besaß eine rote Fliesenverkleidung. Beim Bau der heutigen U 9 wurde diese Mittelbahnsteigsanlage Ende der 50er Jahre völlig durch eine neue mit zwei Seitenbahnsteigen ersetzt (die inzwischen freilich auch schon wieder ein neues Gesicht erhalten hat).

Architektur mißlungen, Bahnsteige zu kurz

Massiv verändert wurde auch die sich nördlich anschließende Station **Seestraße**, bis zu der der Verkehr von der Zinnowitzer Straße aus am 8. März 1923 aufgenommen worden war. Hinter ihr führen zwei Gleise zur Betriebswerkstatt Seestraße, wo bis heute auch die Hauptwerkstatt für alle Großprofilfahrzeuge angesiedelt ist. Da schon damals eine Verlängerung geplant war, hatte man den Bahnhof viergleisig angelegt, jedoch den westlichen Bahnsteig bis auf weiteres eingemauert. 30 Jahre später öffnete man ihn, verkleidete die gesamte Anlage dem Geschmack der Zeit entsprechend – einschließlich abgehängter Decke – neu und deckte dafür das östlichste Gleis ab; augenscheinlich, um den Ausgang möglichst weit an den Rand der Straße verlegen und so mehr Platz für den Autoverkehr schaffen zu können. Diese Umbaumaßnahme erklärt die völlig verschnittene Form des Bahnsteigs Richtung Alt-Tegel.

Auch die sich südlich an den Bahnhof Leopoldplatz anschließende Station **Wedding** wurde 1972 völlig neu verkleidet. Die für diese Strecke typische ärmliche Putzarchitektur, mit der sich die Nordsüdbahn dann doch – wenn auch ganz anders als gedacht – von der Hochbahngesellschaft abhob, zeigt erst **Reinickendorfer Straße**. Ganz im Sinne seiner Auftraggeber hatte der Architekt Heinrich Jennen hier versucht, eine eigene Form der Bahnhofsgestaltung zu finden. Es zeigte sich jedoch, daß es im Endeffekt nur zwei Möglichkeiten gibt, den simplen Betonkasten, den ein U-Bahnhof darstellt, auszukleiden: Entweder man bemüht sich, die baulichen Gegebenheiten soweit wie möglich zu ignorieren und zu verkleiden und schafft mit Pomp und Phantasie einen Raum, der sich nicht als U-Bahnhof zu erkennen geben will. Oder man versucht, ganz im Sinne der Moderne, die Station so einfach und zweckmäßig wie möglich zu gestalten, die Form aus der Funktion und der Konstruktion heraus zu entwickeln, was Schönheit und Eleganz bei entsprechendem Geschick nicht ausschließt. Was Jennen dagegen praktizierte, war weder Fisch noch Fleisch. So variierte er von Bahnhof zu Bahnhof die Deckenkonstruktion wie auch die Anordnung der Stützen, spannte Betonplatten zwischen die Querträger, stelzte sie zu einer kassettenartigen Optik auf, paarte sie mit flachen Abschnitten, quergelegten Tonnen und den bei Grenander sichtbaren simplen Betonkappen. Aber dies alles bleibt bloße Spielerei, weder folgt es den konstruktiven Notwendigkeiten noch entfaltet es eine repräsentative, protzige oder historisierende Wirkung, zu der auch die nackten Stahlstützen schlecht gepaßt hätten.

Doch nicht nur architektonisch sind die Stationen ziemlich mißlungen. Die beiden Probewagen, die der Nordsüdbahn 1914 geliefert worden waren, zählten 111 Plätze, die damals bei der Hochbahngesellschaft gebräuchlichen Fahrzeuge 75. Ein Fünf-Wagen-Zug des Großprofils besaß also mit 555 Personen fast die gleiche Beförderungskapazität wie ein Acht-Wagen-Zug des Kleinprofils mit 600. Da die Großprofilfahrzeuge knapp 13 Meter maßen, glaubte man somit, prima sparen und mit 80 Meter langen Bahnsteigen auskommen zu können, gegenüber den Kleinprofilperrons, die damals 110 Meter lang gebaut wurden. Doch die nach dem Zweiten Weltkrieg beschafften Wagen sind 15,5 Meter lang (die neuesten sogar 15,7 Meter). Außerdem gibt es wegen des Doppeltriebwagenkonzepts, das den Betriebsablauf wesentlich vereinfacht, keine Fünf-Wagen-Züge mehr. So mußte man die Bahnsteige in den 60er und 70er Jahren verlängern; zwischen Reinickendorfer und Kochstraße begann man damit wegen der Teilung erst 1992. Damit können auf der seit dem Mauerfall gerade durch Ost-West-Pendler noch stärker beanspruchten U 6 endlich Sechs-Wagen-Züge verkehren. Einfach die teilweise recht langen Wände abzureißen, die die Vorhallen von den Gleiskörpern trennen, genügt jedoch nicht: Diese Mauern besitzen nämlich tragende Funktion, so daß die gesamte Tunneldecke neu gebaut werden muß. Wie am Südstern will man sich bei der Gestaltung der neuen Stützen und Bahnhofswände an die historischen Vorbilder halten.

Als die Stationen zur Wiedereröffnung im Sommer 1990 renoviert wurden, hat man dies leider versäumt: Zwar erhielten sie sämtlich einen fast weißen Anstrich, doch die Kennfarben, die sie – nach Grenanderschem Vorbild – ursprünglich trugen, brachte man bestenfalls zufällig auf Schilderrahmen, Stützen und Betriebseinrichtungen an.

Walter Ulbricht und Lili Marleen

Womöglich war für die Einführung des Kennfarbensystems sogar Grenander selbst verantwortlich: Nachdem Heinrich Jennen Ende 1920 nicht einmal 48jährig gestorben war, hatte man den Hausarchitekten der Hochbahngesellschaft doch noch zur Arbeit an der Nordsüdbahn hinzugezogen, wenngleich er – mit Alfred Fehse als Kompagnon – zwischen Seestraße und Halleschem Tor nur Details gestaltet haben soll. Dazu gehören immerhin die markanten zehnzackigen Transparente mit dem »U«, an dessen Stelle ursprünglich – noch immer um Abgrenzung bemüht – »Nord-Süd« leuchtete. An einigen Stellen im früheren Ostsektor, wo die Portale nach der mauerbedingten Schließung 1961 natürlich beseitigt worden waren, hat man 30 Jahre später Kopien aufgestellt, die nur in der Größe und Höhe etwas von den Originalen abzuweichen scheinen (Französische Straße, Stadtmitte).

Schwartzkopffstraße

Eine Station weiter, an der **Schwartzkopffstraße**, sind auch die alten Stationsschilder verschwunden, einige Felder sogar ganz leer. Der Grund dafür liegt in dem einzigartigen Vorgang der Umbenennung eines geschlossenen und nach der Neutaufe auch geschlossen bleibenden Bahnhofs. (Die Sektorengrenze, die man auf der Fahrt von der Reinickendorfer Straße passierte, war selbstverständlich auch im U-Bahn-Tunnel markiert. Wie auf der U 8 sind die dicken weißen Striche noch an den Tunnelwänden zu erkennen.) Am 9. April 1951 hatte die Station zunächst den Namen »Walter-Ulbricht-Stadion« erhalten. In Ost-Berlin fanden, auch als propagandistischer Ausdruck der Wertschätzung für den neuen Staat, der in einem Teil des Landes gegründet worden war, das sich kurz zuvor restlos diskreditiert hatte, die »Weltfestspiele der Jugend und Studenten« statt. Da wollte man den nicht zuletzt zum Jubeln bestimmten Massen nicht nur die Orientierung erleichtern, indem man den U-Bahnhof nach dem Stadion nannte, das für dieses Ereignis gerade an Stelle einer alten Kaserne, in der Hans Leip zu Beginn des Ersten Weltkriegs den Text von »Lili Marleen« gedichtet haben soll, errichtet worden war. Auch fand man es natürlich viel schöner, wenn an den Wänden der Name des starken Mannes im »Arbeiter-und-Bauern-Staat« prangte statt der eines Unternehmers, der mit dafür gesorgt hatte, daß diese Gegend um 1840 zum Zentrum der Berliner Schwerindustrie geworden war. 1973, als wieder »Weltfestspiele« in Ost-Berlin stattfanden, war nicht nur der geliebte Genosse Ulbricht bereits von Honecker abserviert worden, nun paßte solch unverhohlener Personenkult auch nicht mehr in die Zeit. Daraufhin benannte man im März 1973 mit der Sportanlage auch den U-Bahnhof in »Stadion der Weltjugend« um. Da letzterer aber mittlerweile geschlossen war, machte man sich keine besondere Mühe, sondern hängte nur vier einfache, in Form der Ost-Berliner Straßenschilder beschriftete Tafeln auf, die anderen Felder blieben leer. Am 3. Oktober 1991, der Abriß des einst schnell errichteten und inzwischen baufälligen Stadions war schon beschlossene Sache, erhielt der Bahnhof seinen ursprünglichen Namen zurück. Nicht aber seine Schilder, die sicher längst bei irgendeinem Liebhaber oder auf dem Müll gelandet waren.

Bahnhofsgestaltung aus Notzeiten

Ob sie auf den nächstfolgenden Bahnhof, **Zinnowitzer Straße**, zurückkehren, bleibt abzuwarten. Die DDR-Behörden hatten sie jedenfalls sorgfältig umlackiert, als die Station im Januar 1951 von »Stettiner Bahnhof« in »Nordbahnhof« umbenannt wurde. Weniger, weil dieser einst größte Berliner Fernbahnhof längst nicht mehr existiert, als um Verwechslungen mit der einige hundert Meter weiter, erst 1936 eröffneten S-Bahn-Station gleichen Namens zu vermeiden, wurde der U-Bahnhof ebenfalls im Oktober 1991 umgetauft. Die Entscheidung des Verkehrssenators löste jedoch allenthalben Kopfschütteln aus: Kein anderer Schnellbahnhalt war bisher nach einer so unbedeutenden Örtlichkeit wie der kaum 200 Meter langen, von einigen abgewrackten Häusern umstandenen Zinnowitzer Straße benannt worden, von der zuvor kaum ein Berliner jemals etwas gehört hatte. Den Bahnhof nach dem nahen Museum für Naturkunde zu benennen, international eines der bedeutendsten seiner Art und zu DDR-Zeiten das meistbesuchte Museum im Staate überhaupt, wäre klüger gewesen.

U-Bahn unter Wasser

Auch die übernächste Station **Friedrichstraße** hat einen Namenswechsel hinter sich, der in unmittelbarem Zusammenhang mit einem anderen Bahnhof steht: Als »Bahnhof Friedrichstraße« 1923 eröffnet, wurde sie schon im September 1924 in »Stadtbahn (Friedrichstraße)« umgetauft. Offenbar wollte man Verwechslungen mit der gleichzeitig erfolgten Umbenennung von »Leipziger Straße« in »Friedrichstadt« vermeiden. Der dort schon seit 1908 betriebene Bahnsteig der Hochbahngesellschaft hatte bis zur Eröffnung der Nordsüdbahn und ihres »Bahnhof Friedrichstraße« selbst »Friedrichstraße« geheißen. Als diese Station ab 1. Februar 1936 als »Stadtmitte« firmierte, wurde aus »Stadtbahn (Friedrichstraße)« auch wieder »Bahnhof Friedrichstraße«. Das war insofern sinnvoll, als das längst zu einer Einheit zusammengewachsene U-Bahn-Netz nicht nur an dieser Stelle die Stadtbahn berührte, und außerdem zu diesem Zeitpunkt am Bahnhof Friedrichstraße auch die »Nordsüdbahn« der S-Bahn eröffnet wurde. Aus diesem Anlaß hatte die Station ihre ärmlichen Putzwände gegen die Fliesenverkleidung mit den in Berlin einzigartigen beleuchteten Bahnhofsschildern eingetauscht. Außerdem wurden die nördlichen Eingänge auf die Bürgersteige verlegt und ein Verbindungstunnel zum unterirdischen S-Bahnsteig gebaut.

Einige Jahre später wurde dieser Gang der U-Bahn zum Verhängnis: Gegen Kriegsende wurde der gesamte S-Bahn-Tunnel überflutet, was allgemein vor allem einer Sprengung der Landwehrkanalunterquerung durch SS-Einheiten zugeschrieben wird. Weithin vergessen ist jedoch die Tatsache, daß die Wassermassen sich – durch eben diesen Verbindungsgang – auch in den U-Bahn-Tunnel wälzten und sich hier kilometerweit ausdehnten: auf der heutigen U 6 bis zu den Stationen Wedding und Mehringdamm, auf der U 7 bis Südstern.

Zusammen mit einem Bombenschaden an der Spreeunterfahrung der heutigen U 2, der diese bis zum Potsdamer Platz und zum Alex, von dort aus die U 5 bis Frankfurter Allee und die U 8 bis Rosenthaler Platz und Jannowitzbrücke überfluten ließ, stand bei Kriegsende mit 19,8 Kilometern fast ein Drittel der Tunnelstrecken unter Wasser. Trotz des völligen Chaos, Treibstoffknappheit und häufiger Stromausfälle, gelang es jedoch schon bis zum 23. Juni 1945, alles Wasser abzupumpen. Über 248 Schadensstellen hatte man am 15. April 1945 bei der Berliner U-Bahn gezählt, bis zum Kriegsende am 2. Mai sollen noch einmal 189 hinzugekommen sein. Die Tunnel hatten nicht nur als Luftschutzkeller und Fluchtwege gedient, sondern in ihnen hatten auch Kampfhandlungen stattgefunden, Munition, Ausrüstungsgegenstände und andere Materialien waren angehäuft, außerdem Sperren errichtet worden. Hinzu kamen die teils schweren Schäden an den Hochbahnstrecken. Doch schon Ende 1945 waren bis auf die Verbindungen Mehringdamm – Tempelhof und Hallesches Tor – Bülowstraße – Nollendorfplatz alle Strecken wieder in Betrieb, wenn auch nicht mit allen Bahnhöfen, meist nur eingleisig und oft pendelnd.

Während der Mauerjahre war der seit 1976 nur noch »Friedrichstraße« genannte U-Bahnhof der einzige im Ostsektor, auf dem West-Berliner Züge hielten. Deshalb steht hier auch eines jener hohen, rundumverglasten Zugabfertigergebäude, wie sie seit den späten 80ern auf vielen östlichen U- und S-Bahnhöfen errichtet wurden. Durch die anderen, geschlossenen Stationen auf der U 6 wie der U 8 tuckerten die Züge mit rund dreißig Stundenkilometern – ein Kompromiß, auf den man sich kurz nach dem Mauerbau geeinigt hatte, weil der Westen am liebsten symbolisch gehalten hätte, während es dem Osten lieber gewesen wäre, die Bahnhöfe wären einfach nicht beachtet und mit vollem Tempo durchfahren worden (wie es die Reichsbahn auf ihrer Nordsüd-S-Bahn auch tat).

Auf der Station Friedrichstraße herrschte meist reger Betrieb. Der Bahnhof diente als Zubringer zu dem berühmten Grenzübergang, der als einziger von Ausländern, Westdeutschen und – ab 1972 – West-Berlinern gemeinsam benutzt werden durfte. Vor allem aber fanden sich hier, auf dem U-Bahnsteig, dem unteren wie dem oberen S-Bahnsteig sowie in den Gängen dazwischen rund 20 »Intershop«-Kioske, an denen sich die West-Berliner in erster Linie mit unversteuerten Zigaretten und Schnaps versorgten. – Wo es um den eigenen Geldbeutel ging, ließ man eben alle »Frontstadttugenden« fahren ... Zwar war die »Einfuhr« dieser Waren nur gestattet, wenn man tatsächlich die Grenzsperren durchquert hatte. Aber dem Zoll war nur eine lückenhafte Kontrolle möglich, die zudem natürlich erst auf West-Berliner Gebiet geschehen konnte. Und wurde man tatsächlich erwischt, genügte es für gewöhnlich, die unverzollte Ware sofort zu deklarieren und die Steuer nachzuzahlen.

150 Meter Mäusegang

Stadtmitte ist ein besonders interessanter Bahnhof. Seine zahlreichen Namenswechsel sind schon erwähnt worden, die weißen Striche im unteren Bereich der Stationsschilder zeugen von der bislang letzten kleinen Korrektur: Zum 3. Oktober 1991 meinte der Verkehrssenator unbedingt den Zusatz »Leipziger Straße« streichen zu müssen, das verwirre nur ...

An dem bereits 1908 von der Hochbahngesellschaft eröffneten Teil von Stadtmitte kann man sehen, daß sich die Nordsüdbahn nicht einmal ihre charakteristischen Doppeleingänge selbst ausgedacht hat. Die Anordnung zweier nur zwei Meter breiter Treppen hintereinander war wohl die einzig denkbare Lösung für den zu erwartenden starken Fahrgastverkehr in der extrem schmalen Straße. Dabei diente die hintere

Treppe als Zugang, die vordere, unter der platzsparend die Fahrkartenschalter untergebracht waren, als Ausgang. Ein solcher »Fahrgastfluß«, der verhindert, daß sich die verschiedenen Menschenströme in die Quere kommen, war damals noch recht neu. Leider wird diese zukunftsweisende Einrichtung, die längst nicht mehr »in Betrieb« ist, in nächster Zeit zerstört werden: Mit der Verlängerung der Bahnsteige sollen überall Treppen durch Aufzüge und Rolltreppen ersetzt werden.

Doch wiewohl man die Anordnung der Eingänge von der Hochbahngesellschaft abgeschaut hatte, grenzte sich die Stadt gerade in Stadtmitte in einer für die Fahrgäste bis heute spürbar schmerzlichen Weise ab: Ihren Nordsüdperron baute sie nämlich nicht an der Kreuzung mit der jetzigen U 2, sondern zwei Straßenecken weiter südlich, an der Leipziger Straße. Unter dieser sollte die von der Stadt geplante Linie von Charlottenburg bzw. Moabit nach Görlitzer Bahnhof bzw. Neukölln oder Treptow verlaufen. In der Mitte des U-6-Bahnhofs springt die einstielige Stützenreihe deshalb zu einer zweistieligen auseinander: Dazwischen sollten die Treppen zu dem anderen städtischen U-Bahnsteig angeordnet werden. So kam es zu dem über 150 Meter langen Tunnel zwischen den bestehenden Bahnsteigen, die schon im ersten vollen Jahr ihres Nebeneinanders zum zweitwichtigsten Umsteigebahnhof avancierten. Auch bei der anstehenden Verlängerung des U-6-Bahnsteigs kann der »Mäuse-« oder »Bazillengang« nicht verkürzt werden, da die Gleise unmittelbar hinter dem Bahnhof absinken, um den U-2-Tunnel zu unterqueren. In der Neigung darf ein Bahnhof jedoch nicht liegen.

Für den langen Tunnel am **Halleschen Tor** konnte die Stadt dagegen nur insofern etwas, als sie weder bereit war, die Hallesche-Tor-Brücke abzureißen oder zumindest umzubauen (so daß die U-Bahn nicht an ihr hätte vorbeifahren müssen), noch Eingriffe am damaligen Belle-Alliance-, dem heutigen Mehringplatz vorzunehmen. So konnte der U-Bahnhof nicht näher an der Hochbahn angeordnet werden. Die Ehrfurcht vor der in der Struktur barocken, aber längst mit jüngeren Bauten umstellten Platzanlage ging so weit, daß die Treppen zur U-Bahn mit barockisierenden Steinbalustraden bewehrt und in strenger Symmetrie vor den Torhäusern angeordnet wurden. 1976, als der gegen Ende des

Stadtmitte:
Hier sollten die Treppen zum dritten Bahnsteig liegen

Krieges völlig zerstörte Platz neu bebaut worden war, wurden diese Eingänge durch solche aus klobigem Werkstein ersetzt, der ebenso dem Zeitgeschmack entsprach wie die Neuverkleidung der Bahnhofshalle mit großen Metallplatten, die man aber wenigstens in der alten Stationskennfarbe Blau gestrichen hatte.

Der am 19. April 1924 eröffnete Bahnhof **Mehringdamm** (bis Februar 1946 Belle-Alliance-Straße, bis Oktober 1947 Franz-Mehring-Straße) veränderte sein Aussehen völlig: Ursprünglich handelte es sich um eine dreigleisige Station mit gewölbten Decken und zur Bahnsteighalle hin galerieartig geöffneten Schalterhallen. Es war der erste Bahnhof, den Grenander auf dieser Linie selbständig gestaltet hatte. Mitte der 60er Jahre, als die alte Nordsüdbahn in zwei eigenständige Linien aufgelöst wurde, wurde er nach Plänen Rainer G. Rümmlers umgebaut und um das nach Alt-Mariendorf führende Gleis erweitert. Wenn man von Mehringdamm nach Hallesches Tor fährt, kann man noch erkennen, daß sich die Strecke hier einst verzweigte; zum Bahnhof Mehringdamm hin verbreitert sich der Tunnel erheblich.

Noch steht ein Passimeter am Mehringdamm, das daneben plazierte wurde bereits abgeräumt.

Wenn schon tief, dann auch hoch

Der Abzweig hatte zunächst hauptsächlich eine betriebliche Bedeutung: Bis die Nordsüdbahn 1966 aufgelöst wurde, gab es einen durchgehenden Verkehr praktisch nur zwischen dem Norden und Neukölln, auf dem Tempelhofer Ast pendelten die Züge meist bis Mehringdamm. Die Bauarbeiten für diese Strecke begannen erst im September 1924, als die Inflation beendet und ein gewisser wirtschaftlicher Aufschwung eingetreten war. Am 14. Februar 1926 wurde die heutige Station **Platz der Luftbrücke** eröffnet, am 10. September 1927 die Verlängerung bis zur Paradestraße. Beide Bahnhöfe haben ihre Besonderheiten:

Platz der Luftbrücke ist neben Märkisches Museum (U 2) der einzige Berliner U-Bahnhof ohne Mittelstützen. Die Behörden hatten verlangt, die Eingänge auf die Bürgersteige zu legen, so daß die Gleise tiefer angeordnet werden mußten als seinerzeit üblich, um Platz für ein Zwischengeschoß zu haben. Und wenn der Bahnsteig sowieso so tief liegt, dann kann die Bahnsteighalle auch höher sein, scheint man sich damals, als dies in Berlin noch neu war, gedacht zu haben. Grenander und Stadtbaurat Hermann Hahn, der bis 1920 in Neukölln tätig war und dann die Leitung der Groß-Berliner Baubehörden übernommen hatte, erdachten eine Spezialkonstruktion, bei der die Decke bis zu 6,03 Meter über dem Bahnsteig liegt.

Die Rolltreppe am Südausgang erinnert daran, daß hier bis 1975 der Berliner »Zentralflughafen« betrieben wurde: Offenkundig wurde sie in den 60er Jahren eingebaut, als Rolltreppen üblicherweise noch farbig lackierte Seitenwände hatten. Aus dieser Zeit dürften auch die neuen Eingangsüberdachungen stammen, schlichte dunkle Stahlkästen mit großen Glasflächen. Vierzig Jahre zuvor hatten auf diesem Bahnhof die Passimeter ihre Berliner Premiere gehabt: Im Eingangsbereich stehende Häuschen nach Londoner Vorbild, an denen die Fahrkarten nicht nur gekauft, sondern auch gleich entwertet bzw. kontrolliert wurden, was man bis dahin an verschiedenen Stellen erledigt hatte. Daß es sich bei den Anlagen am Platz der Luftbrücke um eine Novität handelte, konnte die BVG freilich nicht davon abhalten, die massiven, im gleichen Stil wie die Bahnhofshalle verkleideten Schalter Ende der 80er Jahre abzureißen. Schon seit Jahren ist man damit beschäftigt, sich überall der nur noch zum sporadischen Fahrkartenverkauf dienenden Passimeter zu entledigen. Der optischen Wirkung wegen will man die Bahnsteigzugänge frei haben, aus Sicherheitserwägungen möglichst viele Schlupfwinkel beseitigen. Und was nicht mehr da ist, kann schließlich auch nicht beschädigt werden und Geld kosten.

Fernab jeglicher denkmalpflegerischer Kriterien, dem momentanen Schönheitsempfinden folgend, bekam auch **Paradestraße** Anfang der 90er Jahre ein völlig neues Gesicht (Entwurf: Gabriele Stirl). Die Station wurde allerdings schon Ende der 30er Jahre teilweise umgebaut: Bis zum 1. Oktober 1937 hieß der Bahnhof »Flughafen«, dann wurde dieser Name von der Station »Kreuzberg« übernommen, die am 1. September 1975 zu »Platz der Luftbrücke« wurde. Dieser Termin markiert die Verlegung des zivilen Luftverkehrs nach Tegel und die vorläufige Schließung dieses Bereichs in Tempelhof. Die Umtaufung 1937 war dagegen eine Propagandaaktion der Nazis: Das große neue Flughafengebäude, das Ernst Sagebiel im typisch klobigen NS-Stil entworfen hatte und dessen Haupteingang am heutigen Platz der Luftbrücke liegt, war damals noch lange nicht fertig. In Wahrheit wickelte man den Flugverkehr weiterhin über das alte Abfertigungsgebäude ab, das sich inmitten des heutigen Flugfeldes in Verlängerung der Paradestraße befand. Wegen dieses Baus hatte der U-Bahnhof eine riesige Eingangshalle erhalten, die etwa zehnmal so groß war wie der heute noch den Fahrgästen zugängliche Teil. Der BVG-Sportverein hat heute dort seine Schießstände.

Späte Rache

Wie schon erwähnt, hatte es zwischen Berlin und Tempelhof um 1910 einen erbitterten Streit um den Erwerb des westlichen Tempelhofer Feldes gegeben. Nachdem das Dorf das Rennen gemacht und Berlin zähneknirschend einer Streckenführung seiner U-Bahn durch die geplante Gartenstadt entlang der heutigen Manfred-von-Richthofen-Straße zugestimmt hatte, veranstaltete Tempelhof einen Wettbewerb für die beiden Bahnhöfe, die dort angelegt werden sollten. Dazu hatte man jene Stellen ausersehen, wo die Bahn am Wolff- bzw. Schreiberring und am Rumeyplan den tiefergelegenen Parkgürtel gekreuzt hätte, so daß wie am Rathaus Schöneberg (U 4) Fensterfronten die Bahnhofswände hätten bilden können. Doch als die U-Bahn dann endlich gebaut wurde, streifte sie wegen des nun zu bedienenden Flughafens die Siedlung nur noch – fast eine späte, vom Schicksal ermöglichte Rache Berlins.

Der vorerst letzte Bahnhof, **Tempelhof**, wurde schließlich am 22. Dezember 1929 eröffnet. Hätte »Paradestraße« noch seine graue Wandverkleidung und die Portale mit den zehnzackigen Transparenten, würde der Stilwandel deutlich werden, den Grenander inzwischen vollzogen hatte: In Tempelhof, wo S- und U-Bahn erstmals in Berlin einen gemeinsamen Zugang planten und errichteten, erreichte er fast schon die Klarheit und absolute Reduktion, die die Stationen auf der heutigen U 5 besaßen, die ein Jahr später in Betrieb ging. Die Portale bestehen nur noch aus simplen Stahlbögen, die ein rechteckiges »U«-Transparent tragen; die Werbetafeln waren – der besseren Proportion zur Raumhöhe wegen – ursprünglich nicht so niedrig angebracht, und auch das wilde Schachbrettmuster, das heute an der Decke prangt, hat nichts mit Grenander, sondern mit mangelndem Veständnis für die Architektur der klassischen Moderne und den Wert historischer Bauten zu tun. Nur noch die Hälfte der von Grenander gestalteten Bahnhöfe ist inzwischen erhalten.

Als der Tempelhofer Abzweig der Nordsüdbahn noch nicht einmal in Angriff genommen worden war, war der erste Teil des Neuköllner Astes schon in Betrieb: Gemeinsam mit der Station Mehringdamm, hinter der sich die Züge bis heute quietschend und in langsamer Fahrt durch eine extrem enge und ansteigende Kurve quälen, wurde der Bahnhof **Gneisenaustraße** am 19. April 1924 eröffnet. Leider hat man auch ihn Ende der 60er Jahre völlig verändert. Ursprünglich besaß er die gleiche schlichte Putzgliederung wie die Stationen unter der Chaussee- und der Friedrichstraße, obwohl er ausschließlich von Grenander gestaltet war.

Einen eigenen Stil zeigte der Architekt erst bei der bereits wenige Monate später am 14. Dezember 1924 eröffneten Station **Südstern** (bis Juni 1933 Hasenheide, dann bis Januar 1939 Kaiser-Friedrich-Platz, anschließend bis Oktober 1947 Gardepionierplatz), der die am 11. April 1926 in Betrieb gegangenen Bahnhöfe Rathaus Neukölln und

Karl-Marx-Straße (bis Juni 1946 Bergstraße) glichen. Der letzte Abschnitt der Nordsüdbahn mit den Haltestellen Neukölln und Grenzallee, am 21. Dezember 1930 eingeweiht, ist dann wieder anders gestaltet. Wie in Tempelhof sind auch hier einfache rechteckige Eingangsleuchtkästen an die Stelle der zehnzackigen getreten.

Diese wenigen Bahnhöfe zeichnen den Weg Grenanders in den 20er Jahren nach. Er übernimmt nicht nur Jennens Gestaltung für den Bahnhof Gneisenaustraße. Auch die folgenden Stationen lassen die geradezu zwingend aus der Konstruktion und Funktion entwickelte Form vermissen, die man von Grenander gewohnt ist: Statt dessen mattgraue Fliesen, die wie Keramik wirken sollen und in Wahrheit kaltglasierte Zementplatten sind, verkleidete Stahlstützen, die am Südstern sogar pilzförmig auskragen, und großflächig kassettierte Decken. Die Klarheit, Sinnfälligkeit und Eleganz seiner Charlottenburger und Innenstadtstationen aus der Zeit vor dem Ersten Weltkrieg erreicht Grenander erst wieder mit seinen letzten Arbeiten Ende der 20er.

Ursprünglich besaß der Bahnhof **Südstern** Seiteneingänge. Mit der notwendigen Bahnsteigverlängerung ersetzte man diese durch Mitteltreppen, die über eine Eingangshalle zugänglich sind. Nicht nur deren auf rechte Winkel, gerade Linien und große Fenster versessene Gestaltung verrät, wann der Umbau geschah. Auch die kleinen Mosaiksteine, die an Stelle größerer Kacheln seither die Stützen umkleiden, sind typisch für den Geschmack von 1958.

Pomp für Karstadt

Baute man die Nordsüdbahnsteige für gewöhnlich zu kurz, so scheint man sich am **Hermannplatz** bei ihrer Bemessung weniger für die Proportionen der Züge als die der Halle interessiert zu haben. Sie erreicht die beachtliche Höhe von 7,50 Meter, wird in ihrer Wirkung jedoch erheblich beeinträchtigt durch den Bahnsteig der heutigen U 8, der sich diagonal durch den 140 Meter langen Raum schiebt und ihn zweiteilt. Offenkundig stand die pompöse Ausgestaltung in Zusammenhang mit dem zeitgleich erfolgten Bau des riesigen Karstadt-Warenhauses. Wenn dessen Innenarchitektur auch weniger expressionistisch und dafür gediegener und eleganter war, so gibt der Bahnhof doch einen Eindruck von den Ausmaßen und dem Anspruch dieses 1945 gesprengten Baus.

Wer nach dem Verlassen des Bahnhofs in Richtung Rudow aus dem Zug blickt, sieht zwischen den Haupt- zwei Abstellgleise in der Tiefe versinken. Wenngleich die Führung der beiden U-Bahn-Linien am Hermannplatz lange Zeit unklar war, handelt es sich hier nicht etwa um das Überbleibsel einer weiteren Fehlplanung, sondern um eine optische Täuschung: Die Abstellgleise, die gar nicht in der Neige liegen dürfen, verlaufen in Wahrheit waagerecht, die Streckengleise steigen dagegen an.

Der Bahnhof **Rathaus Neukölln** befindet sich wieder direkt unter der Straßendecke. An der andersartigen Fliesung von Wänden und Stützen an den Bahnsteigenden kann man erkennen, wo er Ende der 60er Jahre verlängert wurde. Anders als am Südstern hatte man sich dabei auch an der **Karl-Marx-Straße** nicht besonders viel Mühe gegeben, einen Bahnhof, der zur Zeit, da dieses Buch geschrieben wurde, gerade völlig »entkleidet« war, was erfahrungsgemäß das Schlimmste für sein künftiges Aussehen befürchten läßt.

Wie in Tempelhof oder an der Frankfurter Allee nutzte man auch in **Neukölln** den U-Bahn-Bau, um eine neue Ringbahnbrücke zu errichten und dabei den Straßendurchlaß zu verbreitern. Außerdem bekam die S-Bahn ein neues Empfangsgebäude samt direktem U-Bahn-Übergang. Hinter dem vorläufigen Endbahnhof **Grenzallee** war seinerzeit eine Betriebswerkstatt entlang des Teltowkanals geplant, die bis zum Neuköllner Schiffahrtskanal reichen sollte. Nicht nur die dorthin abzweigenden Gleise, die zwischen den zum Kanal hin absinkenden Streckengleisen liegen, kann man auf der Fahrt zur Blaschkoallee erkennen. Wer ein paar Minuten läuft, kann vom Sieversufer aus (nachdem er dessen zweimaligen Richtungswechsel mitgemacht hat) einen Blick auf die mit hölzernen Toren verschlossenen Tunnelmünder werfen, die damals schon gebaut worden waren.

U
U-Bhf. Voltastraße

Die Linie der toten Tunnel

Die U 8 zwischen Gesundbrunnen und Leinestraße

Steigt man an der Weinmeisterstraße oder am Rosenthaler Platz aus, so gelangt man zunächst in ein Zwischengeschoß und von dort aus wieder ans Tageslicht. Verläßt man den Zug auf den sich nördlich anschließenden Stationen Bernauer Straße oder Voltastraße, so führen die Treppen dagegen direkt vom Bahnsteig auf die Straße. Schon dieses Nebeneinander von, wie es in der Fachsprache heißt, »eineinhalbfacher Tiefenlage« des Perrons (mit Zwischengeschoß) und »einfacher Tiefenlage« (ohne Zwischengeschoß) sagt etwas über die Entstehungsgeschichte des alten Teils der heutigen U 8 aus.

Vor allem der unscheinbar wirkende Durchgangsbahnhof **Voltastraße** gibt gleich noch ein paar mehr Hinweise: Während alle anderen Stationen »nackte« oder mit Fliesen ummantelte Stützen haben, stehen hier – wie auch an der Bernauer Straße – runde Granitsäulen. Die Eingansportale sind aus einfachen Stahlbögen mit rechteckigem »U«-Transparent. Und wer den Bahnhof Voltastraße durch das nördliche dieser Tore verläßt, sieht gleich linker Hand das inzwischen völlig isoliert stehende AEG-Werksportal, entworfen vom Gedächtniskirche-Architekten Franz Schwechten.

Dieses Nebeneinander ist kein Zufall. Denn die einstmals mächtige AEG, die im Berliner Wedding einen ihrer Hauptstandorte hatte, begann diese U-Bahn-Strecke zu bauen. Dabei war die Linie Gesundbrunnen-Neukölln (früher deshalb auch »GN-Bahn« genannt) keine Idee des Elektrokonzerns und ursprünglich auch gar nicht als U-Bahn gedacht. Vielmehr tauchte das Projekt einer solchen Verbindung wohl zum ersten Male 1902 auf, als die Nürnberger »Continentale Gesellschaft für elektrische Unternehmungen« einen ihrer diversen, auch in Hamburg und Schöneberg gescheiterten Versuche unternahm, eine Schwebebahn nach dem Wuppertaler Vorbild von 1901 zu errichten. Zwar durfte die Firma 1908 sogar einen Probebau erstellen, der aus je einer T-förmigen Einzelstütze von Alfred Grenander, Sepp Kaiser und Bruno Möhring bestand, plaziert in der Brunnenstraße, weil dies der engste Straßenzug auf der Strecke gewesen wäre. Doch anders als bei der Siemensschen Hochbahn, wo man wenigstens zum Teil die »ästhetischen Bedenken« von Bürgern und Behörden aus dem Weg räumen konnte, gelang dies hier überhaupt nicht.

Als der Probebau 1913 wieder abgerissen wurde, hatte man sich längst für eine andere Bauform und einen anderen Bauherrn entschieden: Die AEG, die bereits in den 1890er Jahren am Bau einer U-Bahn interessiert gewesen war, am Wedding eine interne Tunnelbahn betrieb und Berlin auch den ersten öffentlich benutzbaren Bahntunnel schenkte, hatte 1907 eigene Pläne für die »GN-Bahn« vorgestellt. Danach sollte die Strecke nur noch an ihren nördlichen und südlichen Enden oberirdisch ausgeführt werden, zwischen Brunnen- Ecke Veteranenstraße und Spree dagegen »stadtverträglicher« unter der Erde verlaufen. Im März 1912 schloß die Stadt Berlin einen entsprechenden Vertrag mit dem Elektrokonzern, der daraufhin die »AEG-Schnellbahn AG« gründete und 1913 mit dem Bau begann.

Doch aus dem vereinbarten Fertigstellungstermin September 1918 wurde nichts – der Erste Weltkrieg hatte wie bei der Nordsüdbahn die Arbeiten ins Stocken gebracht, 1919 wurden sie ganz eingestellt. Zu diesem Zeitpunkt war der Tunnel zwischen Gustav-Meyer-Allee und Veteranenstraße mitsamt der Bahnhöfe Voltastraße und Bernauer Straße längst im Rohbau fertiggestellt. Die AEG hatte sozusagen vor ihrer eigenen Haustür mit dem Bau begonnen.

Das AEG-Architekturbüro hatte für die Stationen der »AEG-Bahn« Granitsäulen vorgesehen – für die Zeit vor dem Ersten Weltkrieg eine noch nicht ganz überholte Formfassung. Die einfachen Stahlbogenportale zeugen als Ausdruck einer anderen Architekturauffassung dagegen davon, daß die Bahnhöfe erst 1930 eröffnet wurden. Nach der Einstellung des Baus war die AEG-Schnellbahn AG von Berlin verklagt worden, unterlegen und in Liquidation gegangen. Die Stadt übernahm die bereits fertigen Bauten entschädigungslos und übertrug die Vollendung ihrer Nordsüdbahn-AG, so daß die GN-Bahn schließlich zwischen 1927 und 1930 eröffnet werden konnte.

Die ersten Rolltreppen

Doch das Schicksal der Strecke sollte wechselvoll bleiben: Zunächst war die Linie in mancher Hinsicht die modernste Berlins und setzte neue Maßstäbe. Keine andere U-Bahn-Linie der Reichshauptstadt hatte bisher solche Tiefen erreicht, keine andere war dementsprechend auch mit Rolltreppen versehen worden. Zwar gebührt – wegen des früheren Eröffnungstermins – Hermannplatz der Ruhm, der erste mit Rolltreppen ausgestattete U-Bahnhof in Berlin zu sein. Doch die längsten im hiesigen U-Bahn-Netz besitzt bis heute **Gesundbrunnen** mit seinen bis zu vierzehn Metern Höhenunterschied überwindenden »Eskalatoren«, wie diese Einrichtungen in Anlehnung an das englische Kunstwort auch in Berlin anfangs genannt wurden. Leider wurden die alten Holzrolltreppen, die sich hier länger als irgendwo sonst im BVG-Netz gehalten hatten, Mitte der 70er Jahre entfernt. Aber anders als am Hermannplatz, wo man die Schilder erst vor kurzem achtlos auf den Müll warf, erinnern hier noch entsprechende Benutzungshinweise daran, daß dies einer der ersten Orte war, an dem man das Publikum mit dieser Neuerung konfrontierte: »Rechts stehen, links überholen – Tiere tragen, nicht führen!« heißt es am oberen Ende der südlichen Rolltreppen.

Möglicherweise gibt es diese Schilder noch, weil der Ausgang und mit ihm der ganze südliche Bahnsteigteil eine Zeitlang stillgelegt waren. Natürlich hat diese Stillegung nichts damit zu tun, daß der Nordeingang des Bahnhofs Gesundbrunnen architektonisch interessanter ist: Grenander, der bis auf Moritzplatz alle Stationen der GN-Bahn (teils gemeinsam mit Alfred Fehse) ausgestaltete, schuf auch hier ein klar gegliedertes, prägnantes Empfangsgebäude. Ähnlich wie in Krumme Lanke sind Kiosk- und Nebenräume so um einen hochgezogenen Mitteltrakt gruppiert, daß ihre fortgeführten Bedeckungen zu Vordächern für die Eingänge werden können und die im Zentrum gelegene Schalterhalle durch weit oben angeordnete Fenster erhellt wird. Mit seinen kubischen Formen und der roten Klinkerverkleidung erinnert der Bau allerdings stärker an die Werke von Richard Brademann (etwa an den 1934 entstandenen Bahnhof Sundgauer Straße), der bei der Berliner S-Bahn dieselbe Rolle wie Grenander bei der U-Bahn spielte. Nein, die an vielen Stellen der GN-Bahn vorgenommene Stillegung von Bahnsteigteilen und Schließung von Zugängen hatte zunächst mit einer weiteren technischen Neuerung zu tun: Wer darauf achtet, wird bemerken, daß die Bahnsteige mit bis zu 130 Metern auch für die heute längstmöglichen Züge – beim hiesigen Großprofil solche mit sechs Wagen – viel zu lang sind. Dies war die erste Strecke, auf der man die seit 1926 erprobten Wagen des von der BVG so bezeichneten Typs »C« einsetzte. Mit ihrer Länge von 18 Metern (die vorher beschafften »B«-Modelle waren 12,9, die heute benutzten West-Berliner Großprofilwagen sind 15,5 bzw. 15,7 Meter lang) sollen sie damals eine Sensation gewesen sein. Ein Sechs-Wagen-Zug bot sage und schreibe 1050 Plätze.– Das entsprach durchaus dem damaligen Fahrgastaufkommen, das sich am Ende der »Roaring Twenties« im gesamten öffentlichen Nahverkehr Berlins in immer neue Rekordhöhen schraubte.

Zehn Jahre später gab es dann noch einmal eine Premiere auf dieser Linie: Ab 1. Januar 1940 schlossen sich bei sämtlichen hier verkehrenden Zügen die Türen selbsttätig. Nach jahrelangen Versuchen hatte man endlich ein brauchbares, mit Druckluft betriebenes System entwickelt, das zuverlässig und wirkungsvoll arbeitete, ohne eventuell dazwischengeratende Fahrgäste ernsthaft zu verletzen. Die geplante Umrüstung auch der auf den anderen Strecken verkehrenden Wagen konnte wegen des Krieges erst Jahre später erfolgen.

Vom Fortschritt zum Dornröschenschlaf

In der Wirtschaftswunderzeit der Fifties ging es auch und gerade am Bahnhof Gesundbrunnen lebhaft zu: Die Badstraße war ein bevorzugtes westliches Einkaufsziel für Ost-Berliner, die mit der U- oder S-Bahn hierherkamen, beide am Gesundbrunnen direkt durch einen Gang miteinander verbunden.

Mit dem Mauerbau 1961 versank dann die gesamte GN-Bahn in einen Dornröschenschlaf. Von den 14 Bahnhöfen, die bis zur Verlängerung 1977 existierten, waren immerhin sechs geschlossen. Wesentliche Bedeutung besaß die Strecke eigentlich nur noch zwischen Kottbusser Tor und Hermannplatz. Selbst tagsüber verkehrten die Züge teilweise nur im Zehn-Minuten-Takt, und dann auch nur mit mickrigen zwei Wagen. Abends konnte man hier oft auf irgendwelche Betrunkenen oder andere unangenehme Gestalten stoßen, die man dann auf der ganzen zehnminütigen Fahrt durch den Ostsektor ohne Fluchtmöglichkeit ertragen mußte. In den 80er Jahren geschah es wegen der überalterten Anlagen außerdem öfter, daß Züge entgleisten oder liegenblieben. Doch auch ohne solche Störungen hatte sich der Mief des Tunnels in den Wagen breit gemacht, wenn sie endlich Voltastraße oder Moritzplatz ankamen. Nach der Wiedereröffnung der Bahnhöfe 1989/90 dauerte es noch Monate, bis der muffige Geruch, der weder durch die verrammelten Stationen noch durch die fast vollständig abgedeckten Notausstiege hatte entweichen können, sich endlich verzogen hatte.

Mit dem Mauerfall erlangte die U 8 schlagartig ihre frühere Bedeutung zurück. Obwohl sie in Nord-Süd-Richtung verläuft, ist sie heute eine der wichtigsten Ost-West-Verbindungen: Vor allem, da noch die Querverbindung des S-Bahn-Ringes fehlt, pendeln über die U 8 viele Bewohner der östlichen Trabantenstädte zur Arbeit oder zum Einkauf am Hermannplatz und an der Neuköllner Karl-Marx-Straße.

Der Dornröschenschlaf aber hatte auch hier sein Gutes: Die GN-Bahn ist die einzige Vorkriegsstrecke, von der alle Bahnhöfe noch wie bei ihrer Eröffnung ausschauen – wenn man einmal von bestimmten Ausstattungsgegenständen wie Fahrtrichtungsanzeigern, Leuchten oder Fahrkartenschaltern absieht.

Während man auf den ehemals West-Berliner Stationen vor allem die Betriebshäuschen abräumte und teilweise durch unpassende neue ersetzte, sind diese Aufbauten auf den Ost-Berliner Bahnhöfen erhalten geblieben. Hier schafften die Grenztruppen dafür die beweglichen Bahnsteigmöbel weg – von den Bänken über die Schilder bis hin zu den meisten Fahrtrichtungsanzeigern.

Eine Mauer auf dem Alex

Wer am Südende des Bahnsteigs **Bernauer Straße** den Asphalt genau betrachtet, sieht, wo einst eine Mauer den Eingangsraum vom Perron trennte: Dahinter saßen ab etwa Anfang der 80er Jahre die Grenzposten und blickten nur durch schmale Schlitze auf den gesperrten Bahnsteig, der ansonsten – wie die anderen – hauptsächlich mit Kameras überwacht wurde.

Eine Mauer stand während der Teilung auch auf dem GN-Bahnsteig am **Alexanderplatz**. Sie diente jedoch weniger dem Wohlergehen der DDR als dem der seit 1969 als »BVB« (Berliner Verkehrsbetriebe) bezeichneten »Ost-BVG«. Zugänglich vom Eingang des parallel zur U-Bahn erbauten Berolinahauses an der Dircksenstraße sowie vom Podest zwischen den Bahnsteigen der heutigen U 8 und U 5, befand sich hier die Bahnmeisterei. Auch von dieser, parallel zur Bahnsteigkante zwischen den Stützen verlaufenden Mauer finden sich noch Spuren im Asphalt.

Die Streckenführung zwischen Weinmeisterstraße und Jannowitzbrücke war lange Zeit unklar. Die AEG-Schnellbahn-AG hatte die Linie noch durch die Litten-, damals »Neue Friedrichstraße« führen wollen, westlich der Jannowitzbrücke die Spree diagonal unterquerend. Damit verzichtete man auf eine brauchbare Anbindung an den Alexanderplatz und die dort schon vorhandene U-Bahn, bewegte sich auch einen Block von der Stadtbahn entfernt, plante zudem einen Halt in unmittelbarer Nähe des existierenden Bahnhofs Klosterstraße und verpatzte schließlich auch an der Jannowitzbrücke einen einfachen Übergang zur Stadtbahn.

Erst als die Stadt bzw. ihre Nordsüdbahn-AG Mitte der 20er Jahre Planung und Bau der GN-Bahn übernommen hatten, prüfte man neue Trassen. Die geradlinige Führung durch die Münz- und Alexanderstraße (die damals noch ineinander übergingen) verwarf man jedoch, weil sie sowohl den aufwendigen Umbau der schon bestehenden Strecke mitsamt des Bahnhofs erfordert als auch ungünstig zur S-Bahn gelegen hätte. Mit der verwirklichten Variante parallel zur Stadtbahn wählte man buchstäblich den Mittelweg. Um auf ihn zu gelangen, unterfährt die GN-

Bahn an der heutigen Rosa-Luxemburg- /Ecke Dircksenstraße ein Eckgrundstück, auf dem nach Plänen Grenanders ein Bürogebäude im Stil der Neuen Sachlichkeit errichtet wurde. Nach der 1949 erfolgten Teilung der BVG wurde es zum Sitz der Ostverwaltung, was es bis zur Wiedervereinigung der Verkehrsbetriebe 1992 blieb. Auf seinem Hof befindet sich eines der drei Umspannwerke für die Stromversorgung der GN-Bahn.

Bernauer Straße: Die Spuren des Beobachtungspostens sind noch zu erkennen.

Deren Bau nahm man nicht nur zum Anlaß für die völlige Umgestaltung des Alexanderplatzes, sondern auch zur Modernisierung des Verkehrsknotenpunktes **Jannowitzbrücke**: Die 1881 bis 1883 gebaute Brücke, die den 1822 vom Geschäftsmann Jannowitz eröffneten hölzernen Übergang ersetzt hatte, war sowieso zu eng geworden. Man tauschte sie gegen eine mehr als doppelt so breite aus, die an zwei haushohen Stahlbögen hing und somit auch von der U-Bahn problemlos unterfahren werden konnte. Gleichzeitig erneuerte man die Überquerung der Stadtbahn und baute den S-Bahnhof völlig neu. Damit erschöpfte sich das Verkehrsgeschehen aber noch nicht: 1888, wenige Jahre nachdem die Stadtbahn in Betrieb gegangen war, hatte die damals neu gegründete Stern-Dampfschiffahrt an der Jannowitzbrücke einen tempelförmigen Warteraum aus Holz errichtet. Für Jahrzehnte unternahm man von hier aus seine Dampferfahrten ins »Jrüne«. Erst die DDR verlegte den Heimathafen der Ausflugsflotte nach Treptow, weil die Spree stromaufwärts teilweise die Sektorengrenze bildete. Nach dem Mauerfall wurde die Anlegestelle Jannowitzbrücke wieder, in bescheidenerem Maße, in Betrieb genommen. Vom U-Bahn-Zwischengeschoß, das zur Zeit noch größtenteils vermauert ist, hatte man ursprünglich sogar einen direkten Zugang zum »Kai« geplant, der jedoch nie ausgeführt worden ist.

Toter Tunnel als Lebensader

Gebaut wurde dagegen die erwähnte Strecke in der Littenstraße, einschließlich der Spreeunterquerung. Sie gehörte zu jenen Tunnelstücken, die beim Zusammenbruch der AEG-Schnellbahn-AG schon im Rohbau fertig waren. So nutzte man den Tunnel als Verbindung zur Aufstell- und Kehranlage der heutigen U 5 in der Rathausstraße. Und schuf 1952 sogar noch eine unterirdische Verbindungskurve zur U 2, natürlich mit einem stromschienenlosen Abschnitt, auf dem den Kleinprofilfahrzeugen die Stromabnehmer demontiert und sie an Wagen gekoppelt werden, die auf die Bedingungen des Großprofils umgerüstet worden sind. Auf diese Weise wurde der zunächst überflüssige Tunnel doch noch unentbehrlich: Als Klammer zwischen den beiden von Ost-Berlin betriebenen

U-Bahn-Linien wurden über ihn die Fahrzeuge von der Pankower Linie zur Betriebswerkstatt Friedrichsfelde gebracht. Aber auch die nach dem Mauerbau einzig verbliebene Verbindung zwischen West- und Ostnetz leistete gute Dienste: Über sie wechselten in den 70er und 80er Jahren Dutzende alter Klein- wie Großprofilwagen, die die BVG an die BVB verkauft hatte. Wenige Meter südlich des Bahnhofs Jannowitzbrücke hört und spürt man, wie die Züge auf der U 8 über die entsprechende Weiche rumpeln, und auch den abzweigenden Tunnel kann man erkennen.

Sommer 1990: Der U-Bahneingang in der Heinrich-Heine-Straße wird wieder ausgegraben.

Heinrich-Heine-Straße: Der Dornröschenschlaf der Mauerjahre erhielt die Gitter an den Sperren.

Am Bahnhof **Heinrich-Heine-Straße** (bis August 1960 »Neanderstraße«, deshalb die für diese Strecke ungewöhnlich gewölbten und mit einer andere Type beschrifteten Stationsschilder) sind wieder die Eingänge interessant: Weil die Innenstadtstraßen damals so eng waren, gab es Probleme beim U-Bahn-Bau. Doch anders als die heutigen Linien U 2 und U 6 wurde die GN-Bahn größtenteils so tief angelegt, daß man Zwischengeschosse bauen konnte, von denen aus die Zugänge dann nicht auf Verkehrsinseln, sondern auf die Bürgersteige führten. Da diese jedoch häufig auch zu schmal waren, mußte man ungewöhnlich oft die Eingänge in benachbarte Häuser verlegen. Am Rosenthaler Platz und am Alex sind zwei Beispiele dafür noch erhalten, an der Heinrich-Heine-Straße ein halbes: Am anderen Ende des Gebäudes in der Brückenstraße, in dem ein Nordausgang liegt, ist ein Fenster mit verblaßten grünen Kacheln umrahmt. Hier befand sich eine weitere Treppe zur U-Bahn, die nach 1961 beseitigt wurde. Die anderen Zugänge zum Bahnhof hat man einfach zugeschüttet und wie bei anderen Stationen bisher nicht alle wiederhergestellt. Am Südausgang in der Heinrich-Heine-Straße kann man genau erkennen, welche Stufen alt sind und im Sommer 1990 an die übriggebliebenen angebaut wurden. Auch dieser Zugang lag übrigens einmal in einem Haus, das jedoch nicht mehr existiert. Immerhin haben die DDR-Behörden hier – anders als an der Weinmeister-/Ecke Alte Schönhauser Straße – das Grundstück nicht neu bebaut und den Zugang damit regelrecht zubetoniert.

Auch hinter dem Bahnhof Heinrich-Heine-Straße wurde die Linienführung nach dem Ausscheiden der AEG geändert: Statt über den Oranienplatz (von wo aus auch der ursprüngliche Plan keine geradlinige, sondern eine abgeknickte Streckenführung über die Reichenberger Straße vorsah) ging es nun über den **Moritzplatz** zum Kottbusser Tor. Wesentlich, und zwar mit fünf Millionen Mark, soll zu dieser Entscheidung der Wertheim-Konzern beigetragen haben, der 1893 in der Oranienstraße den ersten richtigen Warenhausbau Deutschlands errichten ließ. Nachdem dieser zu klein geworden war, eröffnete man 1913 schräg gegenüber einen Konsumpalast, der unter anderem die gesamte Südseite des Moritzplatzes einnahm (in den 60er Jahren abgeräumt, ist das Gelände noch immer unbebaut). Heute östlich des Moritzplatzes ein verblassender Treffpunkt der Alternativszene, westlich davon durch Nachkriegsneubau verödet, galt die Oranienstraße einmal als eine der wichtigsten Einkaufsmeilen Berlins. Es lag also durchaus auch im Interesse der Stadt, die Straße durch die neue Linienführung besser zu erschließen. Hinzu kam, daß am Moritzplatz die geplante U-Bahn-Linie Moabit-Neukölln/Treptow kreuzen sollte, ein weiterer Grund für das große Zwischengeschoß, von dem dann auch Rolltreppen auf den tiefergelegenen Bahnsteig führen sollten. Später sollte dort eine S-Bahn vom Anhalter zum Görlitzer Bahnhof verkehren.

Das Tunnelstück in der Dresdner Straße, dessen Abzweig vom Zug aus zu erkennen ist und das bis an den Oranienplatz reicht, erfuhr eine wechselvolle Verwendung: Der bis zu 14 Meter breite Bau, Berichten zufolge schon mit den ersten Vorarbeiten für den geplanten Bahnhof Oranienplatz versehen, soll während des Zweiten Weltkrieges als Luftschutzraum und zur Rüstungsproduktion gedient haben. Später war hier bis Ende der 80er Jahre eine Schaltanlage der Bewag untergebracht. Seitdem die Elektrizitätswerke ausgezogen sind, kursieren Pläne, den Tunnel einer kulturellen Nutzung zuzuführen.

Auf vielen alten Bahnhöfen sind von den Aufbauten nur Flecken geblieben.

Kultur auf toten Augen

Kultur gibt es auch auf den Werbetafeln am nördlichen Ende des Bahnhofs Moritzplatz. Wer sich die Werbeflächen genau anschaut, bemerkt, daß etwa ab der Mitte des Perrons die neuen, glatten Reklametafeln von den alten, aus Holzlatten zusammengesetzten abgelöst werden. Sie wurden nicht umgerüstet, weil der Nordteil des Bahnhofs, einschließlich des dortigen Abgangs, lange Zeit gesperrt war. Auch heute soll nur wenig Nachfrage nach einer kommerziellen Nutzung der Plakattafeln bestehen, so daß die BVG-eigene Werbetochter VVR-Berek diese »toten Augen«, wie sie im Jargon heißen, interessierten Kulturprojekten zur Verfügung stellt.

Ansonsten weist der Bahnhof noch einige feine Unterschiede zu den anderen dieser Strecke auf: Die Schilder sind größer, mit einer etwas anderen Schrift gestaltet und von einem grünen Profilrahmen umgeben. Die Stützen sind an den Kanten mit Aluminiumleisten versehen, die Zugangstreppen auf dem Platz besitzen eine massive Umwehrung mit Muschelkalkverkleidung. Aus bislang ungeklärten Gründen wurde diese Station nicht von Grenander, sondern von Peter Behrens gestaltet, der als »künstlerischer Berater« seit 1907 für die AEG tätig war und für den Elektrokonzern das schuf, was wir heute »Corporate Identity« nennen, indem sein Büro alle Produkte des Hauses – vom Fön über die Fabrikhalle bis zum heute noch verwendeten Firmensignet – entwarf. Eine AEG-«Altlast« kann die Behrens-Arbeit aber nicht sein: Als der Bahnhof gebaut wurde, war das Projekt längst in die Hände der Stadt übergegangen.

Zwei Stationen weiter, an der **Schönleinstraße**, muß man wieder an die Oberfläche steigen, um etwas Besonderes auszumachen: Die nördlichen Eingänge werden von den zehnzackigen Transparenten geschmückt, die Grenander und Fehse eigentlich für die Nordsüdbahn entworfen hatten. Zusammen mit den genauso ausgestatteten Stationen Hermannplatz und Boddinstraße war dieser Bahnhof am 17. August 1927 als erster der GN-Bahn eröffnet worden (die Strecke bis Kottbusser Tor folgte am 12. Februar, bis Heinrich-Heine-straße am 6. April 1928, bis Gesundbrunnen am 18. April 1930). Die ästhetische Verbindung war nicht zufällig, sondern entsprach der betrieblichen: Eine Werkstatt sollte für die Strecke erst am endgültigen Endpunkt in Britz errichtet werden, und der Betriebsbahnhof in Friedrichsfelde, der zwischenzeitlich auch die GN-Wagen betreuen sollte, war noch nicht mal im Bau. So wurde die Linie erst einmal über die Nordsüdbahn mitbetreut. Am Hermannplatz und an der Boddinstraße wurden in provisorischen Wagenständen kleine Reparatur- und Wartungsarbeiten durchgeführt. Dies war auch einige Zeit nach dem Krieg wieder der Fall, als die Strecken zwischen Schönlein- und Boddinstraße sowie Hermannplatz und Karl-Marx-Straße am 14. Mai 1945 als erste wieder in Betrieb gingen.

Eine gewisse Verwirrung herrscht übrigens hinsichtlich der Stationsschilder: Von August 1951 bis Oktober 1991 hieß der Bahnhof Schönleinstraße »Kottbusser Damm«, dann meinte der Verkehrssenator, ihn wegen der Verwechslungsgefahr mit Kottbusser Tor unbedingt zurücktaufen zu müssen, obwohl ihn das Nebeneinander von »Tempelhof« und »Alt-Tempelhof«, »Neukölln« und »Rathaus Neukölln«, »Kurfürstendamm« und »Kurfürstenstraße« ebensowenig stört wie die Gefahr einer Verwechslung mit dem Hellersdorfer U-Bahnhof Cottbusser Platz, die viel folgenschwerer wäre. Jedenfalls entdeckte man hinter den neuen Schildern die alten, die jetzt wieder zu sehen sind. Es ist jedoch nicht ganz klar, ob dies tatsächlich die originale, von Grenander gewollte Gestaltung ist: Auf noch vor dem Zweiten Weltkrieg aufgenommenen Fotos sind sowohl diese als auch die schwarzen Schilder mit weißer Schrift zu sehen, mit denen bis vor kurzem noch alle GN-Bahnhöfe ausgestattet waren. Womöglich entschied sich Grenander – ähnlich wie bei den Portalen – auch hier erst für die einfachere und bessere Form, als die älteren Stationen schon weitgehend fertiggestellt waren.

Für diese Interpretation spricht, daß auch am **Hermannplatz** hinter schwarzen Folien die schwarze Schrift auf hellem Grund auftauchte. Die gesamte Anlage wurde, einschließlich des von der heutigen U 7 benutzten Bahnsteigs der Nordsüdbahn, in den letzten Jahren renoviert: Die alte Fliesenverkleidung ersetzte man durch eine gleichartige neue, nachdem man mit einigen Mühen – und unter Druck der Denkmalpflege – eine Firma gefunden hatte, die die entsprechenden Kacheln herstellt. Das ist insofern vielversprechend, als nach 60 Jahren fast alle GN-Bahnhöfe renoviert werden müssen, was meist auf einen völligen Austausch der Fliesenverkleidung hinausläuft. Eine wesentliche Rolle spielt dabei der Umstand, daß man die Keramikplatten bis in die 60er Jahre hinein direkt auf die Bahnhofswände heftete, was sich – durch spätere Setzungserscheinungen oder auch nur die ganz erheblichen Fahrtwinde, die an den Wänden entlangbrausen – als nicht sehr haltbar erwies. Alle U 8-Stationswände im ehemaligen Ostsektor »zieren« inzwischen zahllose schwarze Kreuze, die weder Schmierereien noch Kunst sind, sondern Kennzeichen für Fliesen, die sich bereits gelockert haben. Auf die GN-Bahnhöfe sollte die Denkmalpflege dabei ein besonders wachsames Auge haben. Auch wenn in der gesamten Gestaltung auf dieser Strecke kein so durchgängiges Konzept erkennbar ist, wie man es sonst von Grenander gewohnt war. Doch wie gesagt: keine andere Berliner U-Bahn-Linie hat die Jahrzehnte so unverändert überstanden wie diese.

Konsumkathedrale mit U-Bahn-Anschluß

Am Hermannplatz hat man es mit der Historie freilich etwas übertrieben und teilweise auch später vorgenommene Umbauten so gestaltet, daß sie nun aussehen, als gehörten sie zum ursprünglichen Entwurf. Aber zum Beispiel am Südende sollte der Bahnsteig für die Fahrgäste keinesfalls zu zwei schmalen Streifen verkümmern: Im Gegensatz etwa zu den Zugängen an den Bahnsteigenden am Kottbusser Tor ist in der Hermannstraße sogar noch der geschlossene Eingang zu sehen. Das kantige rote Backsteingebäude daneben hat direkt damit zu tun: Mit der GN-Bahn entstanden und ebenfalls von Grenander entworfen, beherbergt es ein weiteres Gleichrichterwerk, darüber liegen Wohnungen.

Der gesamte Hermannplatz verdankt seine heutige Form der Tunnelbahn. Lange Zeit war auch in diesem Bereich die Streckenführung der heute aufeinandertreffenden und weiterer, zwischenzeitlich geplanter Linien völlig unklar. Die AEG wollte ihre Linie durch die Schönleinstraße zur Hasenheide führen und dort in einem Gemeinschaftsbahnhof mit der Nordsüdbahn enden lassen. Bei jedem Alternativplan dazu bereitete die Breite des Hermannplatzes extreme Schwierigkeiten, weil sie so gering war, daß von einem Platz eigentlich gar keine Rede sein konnte. Martin Wagner, der berühmte Berliner Stadtbaurat der Weimarer Zeit, löste das Problem auf genial simple Art: Wie schon am Alex wurde für den Hermannplatz, auf den die drei Hauptachsen Neuköllns radial zulaufen, einfach eine neue Konzeption erarbeitet: die gesamte westliche Häuserfront wurde niedergerissen und die Straßenflucht zurückversetzt. Deshalb stößt die Hermannstraße neben dem roten Gleichrichterwerk ohne richtiges Eckhaus auf die Hasenheide. Das freigewordene Gelände und das dahinter brachliegende Gebiet vekaufte man an die Karstadt AG. Diese ließ hier nach Plänen ihres Stammarchitekten Philipp Schaefer ein riesiges Warenhaus errichten, bei dem sich die Chronisten streiten, ob es damals das größte auf dem europäischen Festland oder des gesamten Kontinents war. Auf alle Fälle war die sechsstöckige, sehr streng vertikal gegliederte Front 32 Meter hoch und wurde bekrönt von zwei nach oben hin leicht abgestuften Türmen, auf denen wiederum je eine Lichtsäule thronte, die bis in 71 Meter Höhe reichte.

Leider wurde dieses eindrucksvollste Berliner Beispiel für die Warenhausarchitektur der Zwischenkriegszeit, das mit seiner aufstrebenden Fassade und den Türmen den Begriff der »Konsumkathedrale« so wörtlich nahm wie kein anderes, gegen Ende des Krieges von der SS gesprengt – wegen der Lebensmittelvorräte, die es beherbergte, und samt der darin befindlichen Menschen. Nur ein winziger Gebäudeteil in der Hasenheide blieb erhalten. Die direkten Warenhauszugänge von den U-Bahnsteigen wurden unverständlicherweise erst 1976 wieder geöffnet und münden nun natürlich nicht mehr in eine solch elegante, weitläufige Eingangshalle wie einst. Übrigens wurde hier, wegen der damals neuartigen Sprinkleranlage, erstmals in Deutschland ein Verkauf im Kellergeschoß gestattet.

Auf dem Bahnhof zu warten, muß früher ziemlich nervtötend gewesen sein, rumpelten doch ständig Straßenbahnen darüber hinweg. Der Hermannplatz war bis zur Ausrangierung der Straßenbahn in den Westsektoren 1967 ein wichtiger Knotenpunkt für dieses Verkehrsmittel. Noch bis in die 80er Jahre lagen die zahlreichen Gleise und Weichen auf dem Platz. Erst vor einigen Jahren wurde der zweite Nordeingang des U-Bahnhofs beseitigt, mit dem man einst direkt die Haltestelle der nach Süden fahrenden Züge erreichte, derweil der noch existierende Zugang den Verkehr in die entgegengesetzte Richtung bediente. Der Tunnel zu den verschwundenen Treppen ist noch vorhanden.

Fertigstellung nach 65 Jahren

Der Bahnhof **Boddinstraße** bietet auf den ersten Blick einige Besonderheiten: Mit seinen paarweise angeordneten, dünnen Stützen und den gewölbten Deckenfeldern ist er ganz ähnlich gestaltet wie die ältesten Stationen auf der heutigen U 6 unter der Friedrich- und Chausseestraße. Wie diese befindet er sich auch direkt unter der Straßendecke und besitzt am Südausgang ein zehnzackiges »U«-Transparent der »Nordsüdbahn«. Dies alles dürfte damit zu tun haben, daß dieser Bahnhof bereits 1925/1926, bevor man an den anderen Teilen der GN-Bahn überhaupt wieder die Bauarbeiten aufgenommen hatte, entstand. Verantwortlich zeichnete, auch das ein Sonderfall, die Bauabteilung des Bezirksamtes Neukölln. Vielleicht wollte man sicherstellen, daß die Strecke nicht doch noch – erheblich kostengünstiger – als Hochbahn ausgeführt wurde, wogegen man sich vor dem Ersten Weltkrieg bereits erfolgreich gewehrt hatte: Die polizeiliche Genehmigung zum Bau der Gesamtstrecke sprach 1914 von einer Hochbahn nur noch auf dem nördlichen Streckenabschnitt mit den Stationen Gesundbrunnen, Prinzenallee und Christianiastraße. Als Pankstraße und Osloer Straße wurden die beiden letzteren, natürlich unterirdisch, erst rund 60 Jahre später gebaut.

Auch sonst kann in Berlin die Verwirklichung von U-Bahn-Plänen lange dauern: Wer auf den Stadtplan schaut, erkennt, daß ein paar hundert Meter südlich des am 4. August 1929 eröffneten Endbahnhofs **Leinestraße** die S-Bahn-Station Hermannstraße liegt. Natürlich sollte die GN-Bahn ursprünglich bis dorthin führen, als Querverbindung durch den S-Bahn-Ring. An der Ecke Hermannstraße und Emser Straße finden sich auch zwei große, rechteckige Betonplatten auf den Bürgersteigen.

Mit ihnen wurden die Eingänge zu dem bereits begonnen U-Bahnhof Hermannstraße abgedeckt, der 1930 wegen der hereinbrechenden Weltwirtschaftskrise nicht mehr fertiggestellt werden konnte. Im Zweiten Weltkrieg diente der vollendete Teil als Luftschutzkeller.

Als in den 60er und 70er Jahren das U-Bahn-Netz massiv ausgebaut wurde, war es wahrscheinlich der nach dem Mauerbau ausgerufene S-Bahn-Boykott, weshalb der Senat diesen kleinen Lückenschluß im Schnellbahnnetz auf den Sankt Nimmerleinstag verschob. Ende 1980 stellte die Reichsbahn den Betrieb auf der Strecke ein, und wenn es nach den ursprünglichen Senatsplänen gegangen wäre, wäre nach der

Hermannstraße: Ein U-Bahneingang, der seit 1930 auf seine Öffnung wartet

1984 erfolgten Übernahme erst einmal das gesamte West-Berliner S-Bahn-Netz stillgelegt und irgendwann im nächsten Jahrhundert vielleicht reaktiviert worden. Nur massive Bürgerproteste verhinderten, daß ausgerechnet durch eine CDU-geführte Regierung nach der Wiedervereinigung keine S-Bahn-Strecken mehr zur Verfügung gestanden hätten, über die man die 1961 unterbrochenen Verbindungen ins Umland wiederherstellen konnte.

Auch zu der für Ende 1993 vorgesehenen Wiederinbetriebnahme des S-Bahn-Südrings mitsamt des Bahnhofs Hermannstraße entschloß man sich erst nach langem Drängen. Die Fertigstellung des vor 65 Jahren begonnen U-Bahnhofs wird sich aber wohl bis 1995 verschieben, nicht zuletzt, da die BVG glaubt, auf eine umfangreiche Abstellanlage hinter dem Bahnhof nicht verzichten zu können. Und dann hat man sich auch noch lange über die Notwendigkeit und Form der südlichen Ausgänge gestritten: Die zwei Treppen für mehrere tausend potentielle U-Bahn-Benutzer hätten nämlich vier oder fünf Parkplätze gekostet, was der Senatsverkehrsverwaltung unzumutbar erschien. Deren immer wieder erklärtes Ziel ist übrigens die Bevorzugung des öffentlichen Personennahverkehrs.

Immer alles knapp

Die U 5

Achtlos rennen täglich Tausende durch das Bauwerk und ärgern sich über den langen Umsteigeweg. Doch die wenigsten wissen, daß sie sich inmitten einer architektonischen und stadtplanerischen Pionierleistung bewegen. Denn nichts weniger stellt die Ladenstraße unter dem **Alexanderplatz**, zugleich Verbindung zwischen den Bahnsteigen der U 2 und U 8 dar: Ende der 20er Jahre gebaut, ist sie der Urahn der deutschen »B-Ebenen«, jener großen unterirdischen Fußgängergeschosse mit Läden, die man um 1970 in vielen westdeutschen Städten meist vor den Hauptbahnhöfen anlegte und von denen zumindest die in Frankfurt am Main berühmt-berüchtigt wurde.

Natürlich besitzt die Berliner Anlage noch vergleichsweise bescheidene Dimensionen. Die ersten Jahre hindurch wurden hier nur die Schaufenster betrieben («Schauläden« nannte man das), die Weltwirtschaftskrise wird da eine Rolle gespielt haben. Inzwischen gelten die Läden als zu niedrig, eine Entlüftung fehlt ebenso wie sanitäre Einrichtungen. 35 der insgesamt 60 Räume (500 von 1 100 Quadratmetern) zweckentfremdeten die Ost-Berliner Verkehrsbetriebe bis zur Wiedervereinigung der BVG 1992 vor allem als Büros. Seither stehen sie wegen westlicher Arbeitsschutzbestimmungen leer. Elf der einstmals 30 Schaufenster hatte man für die Unterbringung von Sachbearbeitern, aber auch der Betriebsgewerkschaftsleitung nahezu spurlos verschwinden lassen. Im Improvisieren geübt, malte man die Kacheln in alter Form auf die neuen Wände, so täuschend echt, daß man den Schwindel selbst von Nahem kaum erkennt. Den hehren Grundsätzen der Denkmalpflege entspricht solch ein Vorgehen freilich nicht. Aber besser, als die Flächen einfach weiß zu lassen oder eine mittelmäßige Neugestaltung durchzuführen, ist es allemal.

Doch das riesige, 1926 bis 1931 errichtete U-Bahn-Bauwerk veränderte nicht nur den Untergrund des Alexanderplatzes. Den Neubau dreier Linien (von einer existieren bis heute nur die Gleise am Alex) nahm man zum willkommenen Anlaß, den Platz völlig umzugestalten. Aus der bis dahin L-förmigen Anlage machte man ein Rondell, da man den Kreisverkehr damals für die beste Lösung beim Zusammentreffen von Hauptverkehrsachsen hielt. Dazu mußte der Block zwischen Alexanderplatz, Dircksen-, Gruner- und Alexanderstraße ganz abgerissen werden, aber auch sonst setzte man – unter anderem zur Verbreiterung der Zufahrtsstraßen – begeistert die Spitzhacke ein, glaubte man doch noch an den Bau einer schönen neuen Stadt. So löste man das Problem, daß die Große Frankfurter Straße (heute Karl-Marx-Allee) nicht bis zum Alex führte, sondern schon an der Schillingstraße endete, indem man kurzerhand die beiden dazwischenliegenden Blöcke durchbrach, womit dann auch der U-Bahn eine Schneise geschlagen war.

Schichttorten oder Kästen?

Für die Neubebauung des Alex' lud man 1929 Architekten zu einem Wettbewerb, den das Team Gebrüder Luckhardt/Alfons Anker gewann. Sie umgaben den Platz mit einem geschlossenen, hufeisenförmigen Häuserband, das zulaufende Straßen überbrücken und seiner Form gemäß ganz horizontal gegliederte Fassaden haben sollte (solch »Schichttorten« aus sich abwechselnden Brüstungs- und Fensterbändern waren damals generell beliebt). Kontrastiert werden sollte dies durch einen geraden Häuserriegel entlang der Stadtbahn, den die heutige Rathausstraße durchbrach. Zur Betonung des Torcharakters waren an dieser Stelle höhere Gebäude quer vor den Riegel gesetzt, die der Straße ein Stück folgten und am Platz dann in Halbrunden endeten. Doch die Stadt, mittlerweile im Besitz aller benötigten Grundstücke, weigerte sich, das inzwischen als Bürobau genutzte Grand Hotel an der Einmündung der heutigen Hans-Beimler-Straße abzureißen – man hatte dazu einfach kein Geld. So wurde aus dem Alex statt eines Kreises zunächst eher ein Ei (erst die Kriegszerstörungen ermöglichten die Herstellung der ursprünglichen Grundrißform). Und statt des sehr dynamischen Luckhardt/Anker-Entwurfs kam die mehr statische, fast schon schwerfällige Architektur des zweiten Preisträgers Peter Behrens zur Ausführung. Von seinen Plänen wurden aber auch nur die beiden Bauten an der Stadtbahn realisiert. Der Platz blieb bis zu seiner abermaligen Neugestaltung in den späten 60ern teilweise unbebaut. Letztere entsprach übrigens dem Konzept Mies van der Rohes, dessen Stil in den »Sixties« allenthalben kopiert wurde. Seine Idee, den Platz ohne Rücksicht auf dessen Form locker mit einigen Kästen zu umstellen, war beim 1929er Wettbewerb entschieden zurückgewiesen worden, weil dadurch lediglich Bauland verschwendet und keinerlei Raumeindruck entstehen würde ...

Auch an der unterirdischen Anlage entzündet sich heute immer wieder Kritik: Ein »Labyrinth aus Gängen, Treppen und irreführenden Schildern« sei dies, um nur eine Pressestimme zu zitieren. Doch man muß nicht mit der U-Bahn in London oder Paris gefahren sein, um zu erkennen, daß dieser Komplex geradezu ein Muster an übersichtlicher Organisation ist; angesichts dessen, was zu verbinden war: Das Aufeinandertreffen von vier Linien – bis heute hat kein anderer Berliner U-Bahnhof so viele Gleise -, Unterquerungsmöglichkeiten an einem zentralen Platz, eine Verbindung zum Stadt- (und damals auch noch Fern-)Bahnhof sowie die Unterfahrung von dessen Gleisen, da die U-Bahn später weitergeführt werden sollte.

All das wurde so einfach und praktisch wie möglich geordnet. Es gibt an allen Ecken und Enden Ausgänge, alles ist stets auf den kürzestmöglichen Weg von der Straße zum Bahnsteig bedacht. Zur konzeptionellen und ingenieurtechnischen Leistung Johannes Boussets, der damals den Berliner U-Bahn-Bau leitete, gesellt sich die klare, übersichtliche Ausgestaltung Alfred Grenanders, die oft interessante Ein- und Durchblicke läßt. Freilich ist sie in den vergangenen Jahren beeinträchtigt worden: Zwar hängen immer noch die einfachen, an das Art deco jener Jahre erinnernden Leuchtkästen, zwar hat man weder die grünen Kacheln beseitigt noch allzu starke Veränderungen an der Ladenstraße

Seite 116/117: Alexanderplatz – drei Stockwerke auf einen Blick

vorgenommen. Doch in alle möglichen Ecken wurden nach der Maueröffnung Imbißbuden und Zeitungsstände gebaut, deren Anordnung am Kommerz orientiert ist statt am übersichtlichen Grundriß der Bahnhofsanlage.

Das einzig wirklich Ärgerliche an ihr ist die geringe Tiefenlage des alten Bahnsteigs Richtung Pankow. Aber ob man diesen nun unterqueren muß oder überqueren, wie bei der U 8, ist letztlich egal. Um den Verbindungsgang durchgehend auf derselben Höhe zu halten, hätte man ihn niedriger ausführen oder die gesamte Anlage tiefer legen müssen. Sie reicht aber sowieso schon bis 20 Meter unter der Oberfläche, und das Geld war auch bei dieser Strecke knapp.

Ursprünglich hatte sie schon über ein Jahrzehnt früher gebaut werden sollen. Die ersten Pläne waren 1905 aufgetaucht, wobei an einen Gemeinschaftsbahnhof mit der heutigen U 2 gedacht gewesen war. Die Frankfurter Allee-Linie sollte über Rosenthaler, Invalidenstraße und Alt-Moabit, am Stettiner und Lehrter Bahnhof vorbei zum Kriminalgericht Moabit verlängert werden.

Dann – die Pankow-Linie war bereits im Bau – änderte man das Konzept. Nun war ein Abzweig von dieser Strecke am Bahnhof Klosterstraße vorgesehen, wobei die heutige U 5 – die hinter der Koppenstraße auch nicht mehr zur Hochbahn werden sollte – zunächst weiter geradeaus führen, dann in die heutige Rathausstraße einbiegen und die Stammstrecke am Alex unterqueren sollte. Dafür wurde die Ausfädelung hinter dem Bahnhof Klosterstraße gebaut, die Station selbst dreigleisig angelegt. Den Vertrag schloß man im März 1912, die polizeiliche Genehmigung folgte im Mai 1914. Zehn Wochen später brach der Erste Weltkrieg aus.

Für die geplante U-Bahn-Linie entpuppte sich dies als Vorteil: Die völlige Auslastung der zwischen Spittelmarkt und Schönhauser Allee 1913 eröffneten Strecke, die man 1912 bestenfalls hatte ahnen können, war nun Gewißheit geworden. Außerdem hatten sich die größeren Wagen der städtischen U-Bahn, die erst ab 1912 gebaut wurde, als effizienter erwiesen. Kaum hatte sich die wirtschaftliche Lage nach Krieg und Inflation wieder halbwegs stabilisiert, machte man sich an den Bau der Strecke, die durch die dichtbesiedelsten Gebiete Berlins führte.

Orgien der rechten Winkel und geraden Linien

Die gesamte 7,8 Kilometer lange Strecke bis Friedrichsfelde wurde innerhalb der heute fast unvorstellbar kurzen Zeit von vier Jahren gebaut. Dabei war die Linie einerseits fast geradlinig, hatte keine Wasserläufe zu unterqueren und auch keine besonderen Steigungen zu überwinden, weil sie im eiszeitlichen Berliner Urstromtal blieb. Andererseits waren die Stadt- und Ringbahn zu unterfahren sowie das ausgedehnte Bahngelände in Lichtenberg und die U-Bahn am Alex. Hinzu kam der extrem kalte Winter 1928/1929, der mit seiner viermonatigen Frostperiode ebenso für eine Einstellung aller Bauarbeiten sorgte wie Finanzprobleme ein Jahr später, während derer man nur am Alex tätig war. Man mußte sich so verschulden, daß an einen weiteren U-Bahn-Bau vorerst nicht zu denken war, zumal die wirtschaftliche Lage durch die Ende 1929 hereingebrochene Krise immer weiteren Tiefpunkten entgegentrudelte. Nach einem neuen Schema wurde die Linie mit »E« bezeichnet und ging am 21. Dezember 1930 in Betrieb. Noch ahnte niemand, daß die nächste Neueröffnung erst 26 Jahre später stattfinden sollte.

Angesichts der leeren Kassen war an eine pompöse Gestaltung der Bahnhöfe nicht zu denken. Die hatten die Verantwortlichen aber auch gar nicht im Sinn: Bei der Linie E trafen sich der finanzielle Zwang zum Sparen und der ästhetische Wunsch nach äußerster Reduktion. Mögen sich die Fachleute streiten, ob das nun wirklich »Neue Sachlichkeit« ist, wie die bestimmende Architekturströmung um 1930 hieß, oder fast schon »Rationalismus«, wie er in den 60er Jahren seinen Höhepunkt erlebte. Feststeht, daß Grenander hier den krönenden Abschluß seines Schaffens erreichte, den Endpunkt einer Entwicklung zu immer mehr Einfachheit, Selbstverständlichkeit, Material- und Funktionsgerechtigkeit, Typisierung und Standardisierung.

Grenander ließ nur solche dekorativen Wirkungen zu, die sich von selbst ergaben: die farblich leicht hervorgehobenen, aber nicht mehr als konstruktiv notwendig herausragenden Querträger der Decke (jetzt spannte man Betonplatten dazwischen, nicht mehr halbrunde »Kappen«

wie 20 Jahre zuvor); den ebenso gefaßten Unterzug, der ihre Last aufnimmt und auf die unter ihm angeordneten Stahlstützen weitergibt; deren Nieten, die wiederum aus sich heraus ein einfaches Muster bilden, während ihre abschließenden Auflagerplatten die ästhetische Funktion von Kapitellen übernehmen.

Doch nach dem Krieg wurden die Stationswände mit teilweise zu Mustern angeordneten, der Strenge der Gestaltung zuwiderlaufenden Kacheln verkleidet. Grenander hatte glasierte, in ihren Pastelltönen fast unmerklich changierende, an der Oberfläche ganz leicht strukturierte

Fliesen verwendet, die das Licht zurückhaltend reflektierten. Ab den 60er klatschte man dagegen matte, meist schlampig, nicht bündig und uneben angebrachte Kacheln an die Wände. Grenander verwandte als Eingänge seine Stahlbögen mit rechteckigem »U«-Leuchtkasten, die Ende der 20er Jahre bei jeder Gelegenheit aufgestellt wurden. Er entwarf aber für die Linie E auch noch stärker reduzierte Portale, bei denen ein U frei auf einem schmalen Leuchtbalken stand. Nach dem Krieg errichtete man als Umfassung für die Eingänge pompöse, oft barockisierende Steinbalustraden, die zum »Zuckerbäckerstil« der neuerbauten »Stalinallee« paßten.

Sie wurden Ende der 70er Jahre durch schäbig zusammengezimmerte Metallplatten ersetzt.

Grenander erging sich in einer Orgie der geraden Linien und rechten Winkel, wie man es bei der Berliner U-Bahn erst wieder in den 60ern erlebte. Doch als die BVB vor einiger Zeit neue Zugabfertigerhäuschen errichteten, erhielten diese abgerundete Ecken, als Notbeleuchtung installierte man runde, geriffelte Preßglasleuchten, die wohl eigentlich für Wohnungskorridore gedacht waren. Ende der 80er Jahre verschwanden die letzten, originalen Bahnhofsschilder.

Für diese Schilder verwandte Grenander eine klare, einfache, in der Breite der Buchstaben sehr ausgewogene Schrift («Bauhaus-Lettern«). Um ihre schnelle Lesbarkeit noch zu erhöhen, wählte er nicht nur Groß- und Kleinschreibung statt reiner Großbuchstaben, sondern führte sie auch erstmals in Berlin im Negativ aus.

Denn zumal bei heller Wandverkleidung ist eine weiße Schrift auf schwarzem Grund besser zu lesen als eine schwarze Schrift auf weißem Grund: Das Schwarz setzt sie nicht nur von der Wand ab, sondern läßt sie wegen des starken Kontrastes regelrecht leuchten. Das Weiß eines Schildes, das viel mehr Fläche einnimmt als die Buchstaben, überblendet deren schmale schwarze Striche dagegen.

Solche Gedanken machte man sich damals, und es zeigt, wie viel Überlegung hinter etwas steckt, das die tagtäglichen Benutzer dann gar nicht weiter beachten, weil es seinen Zweck erfüllt.

Das »entstalinisierte« Frankfurter Tor

Hinter dem Alexanderplatz steigt die Strecke an, um das Gleis Richtung Weißensee zu überqueren, durchfährt die einzige größere Kurve auf dem alten Teil und zugleich einen riesigen Betonblock mit einem toten Gewicht von 90 000 Tonnen, den man Ende der 20er Jahre in achtzehn Monaten baute. Anders glaubte man das an dieser Stelle geplante Hochhaus über vier sich kreuzenden Gleistunneln nicht gründen zu können.

An der Westseite des Bahnhofs **Strausberger Platz** findet sich das letzte Exemplar von Grenanders Portalen mit dem freistehenden U. Es hat die völlige Zerstörung der Straße im Krieg ebenso überstanden wie ihren Neubau in ganz anderem, pompösen Stil. Jetzt wirkt das Tor renovierungsbedürftig.

Wenn nicht der Landeskonservator Argusaugen darauf hat, wird es die BVG sicher durch irgendeinen 08/15-Neubau ersetzen.

Der Bahnhof **Weberwiese** (bis März 1950 »Memeler Straße«, bis Oktober 1991 »Marchlewskistraße«) besitzt einen ein Meter breiteren Bahnsteig als die anderen »Normalstationen«, die man bis hierhin durchfuhr: Hier sollte nach dem U-Bahn-Konzept von 1929 eine Ringlinie kreuzen, die vom Südstern über den Lausitzer Platz und den Hauptbahnhof kommend über Frieden-, Wilhelm-Pieck-, Hannoversche, Invalidenstraße, Alt-Moabit, Kaiserin-Augusta-Straße, Mierendorffplatz, Sophie-Charlotte-Platz, Bahnhof Charlottenburg, Fehrbelliner Platz, Bayerischer Platz, Yorckstraße, Mehringdamm und Gneisenaustraße wieder zum Südstern führte. Dies ist insofern interessant, als der Abschnitt ab Mierendorffplatz 40 bis 50 Jahre später als Teil der U 7 verwirklicht wurde.

Daß man dem Bau dieser Linie in den 20ern aber keine allzu große Priorität einräumte, erkennt man an der Ausführung des Bahnhofs Weberwiese als »Normaltyp«, wie Grenander seinen Einheitsentwurf für Durchgangsbahnhöfe auf dieser Strecke nannte.

Anders dagegen die nächste Station **Rathaus Friedrichshain**, wo die Kreuzung mit der fast seit Anbeginn geplanten Verlängerung von Warschauer Brücke vorgesehen war, die man offenbar für so dringlich hielt, daß man den neuen Halt gleich als Umsteigebahnhof ausführte. Deshalb auch die breiteren Bahnsteige und entsprechend eine doppelte statt einfache Stützenreihe, aber auch niedrigere Decken und weiter in die Bahnsteigmitte gezogene Treppen, die durchaus funktional bedingt sind: Anders als bei Ausgängen an den Bahnsteigenden wird der Umsteigeverkehr (hier auch mit Straßenbahn und Bus) auf mehrere Treppen verteilt, die zudem durch ihre dezentrale Lage auf kürzerem Wege zu erreichen sind. Der Preis dafür ist das direkt über dem Bahnsteig (aber auch direkt unter der kreuzenden Straße) angeordnete Zwischengeschoß, das die Raumhöhe unvorteilhaft mindert.

Auch dieser Bahnhof änderte mehrmals seinen Namen. Bis zum Juni 1946 hieß er »Petersburger Straße«, dann wurde er wie diese nach dem ersten, bereits im Mai 1945 tödlich verunglückten sowjetischen Stadtkommandanten Bersarin benannt. 1958 fügte man den Schildern den Untertitel »Frankfurter Tor« hinzu, etwas später hieß der Bahnhof nur noch »Frankfurter Tor«. Schließlich fand man in der Senatsverkehrsverwaltung heraus, daß sich das historische Frankfurter Tor gar nicht an dieser Stelle befunden hatte, sondern an der heutigen Kreuzung Karl-Marx-Allee/Straße der Pariser Kommune. Frankfurter Tor hieß der Bahnhof (und heißt die darüberliegende Kreuzung im Berliner Sprachgebrauch) offenbar nur wegen der torartigen Turmbauten der »Stalinallee«, die hier Ende der 50er Jahre fertiggestellt wurden. Jedenfalls Grund genug für den CDU-Verkehrssenator, den harmlosen Bahnhofsnamen 1991 als stalinistische Altlast zu entsorgen.

Der Bahnhof **Samariterstraße** ist der einzige »Normaltyp«, der noch seine originale Wandverkleidung besitzt – oder zumindest eine dem Originalstil nachempfundene.

Von der Schillingstraße bis hinter diesen Bahnhof verläuft über dem U-Bahn-Tunnel ein gleich breiter 1,80 Meter hoher Sammelkanal mit drei Kammern für Wasser-, Energie- und Postleitungen, der an den Stationen jeweils südlich vorbeischwenkt. Neben der zeitgleich gebauten heutigen U 8 war die Linie E die erste Strecke, die sich fast vollständig in »anderthalbfacher Tiefenlage« bewegt, also so, daß über den Gleisen Platz für Zwischengeschosse bleibt. Da hielt man es wohl für eine gute Idee, einen solchen Kanal mitzuerrichten, beginnt doch jeder U-Bahn-

Bau mit dem aufwendigen Verlegen von Versorgungsleitungen aus der Trasse. Sie bewährte sich jedoch nicht: Der »erste Stock« des Tunnels soll kaum benutzt worden sein, er blieb eine Rarität bei der Berliner U-Bahn.

Wie damals üblich, baute man am nächsten Halt mit der U-Bahn auch gleich eine neue Ringbahnbrücke. Die alten, aus den 1870er und 1880er Jahren stammenden, gewährten dem gewachsenen Straßenverkehr zu schmale Durchlässe, und auch die U-Bahn wäre unter ihnen kaum hindurchgekommen. Die neue Ringbahnbrücke am Bahnhof **Frankfurter Allee** besitzt nur noch eine Stützenreihe, die durch die darunterliegende U-Bahn-Station hindurchgeht: Zum Gleis nach Hönow hin führen die S-Bahn-Pfeiler hinter starken Verdickungen an den Treppenwänden zu den Fundamenten; Reichs- und U-Bahn-Bauwerk wurden so voneinander unabhängig gehalten. Offenbar reichte das Geld aber weder für die geplante Verschiebung des S-Bahnsteigs direkt an die Straße noch für den Neubau eines Empfangsgebäudes mit U-Bahn-Eingang – wie in Tempelhof und Neukölln kurz zuvor noch ausgeführt. Angelegt oder zumindest erneuert wurde dafür eine Ladenzeile von der Frankfurter Allee zum S-Bahnhof. Sie zeigt die von Grenander wie den Berliner Reichsbahnarchitekten damals gern verwandte Verkleidung mit roten Klinkern.

Das letzte Exemplar von Grenanders letztem Portaltyp (dahinter die Bauten der »Stalinallee«)

U
U-Bahnhof
Strausberger Platz

»Normaltyp«: Samariterstraße

Bahnhof mit Kommandobrücke

Wie am Alexanderplatz am anderen Ende der Ursprungsstrecke, handelt es sich auch bei **Friedrichsfelde** um eine Sonderlösung mit erhaltenen Originalfliesen: Wegen der nahen Betriebswerkstatt wurde er als einziger Bahnhof der neuen Linie unmittelbar unter der Straße angelegt. Damals war dies sowieso eine ruhige, dörfliche Gegend, in der eine BVG-Siedlung entstehen sollte. Doch die Wirtschaftskrise verhinderte auch dies. Heute stehen hier Plattenbauten.

Auch eine Verlängerung der Linie E hatte man von vornherein im Auge: Hinter dem Bahnhof Friedrichsfelde, wo die Gleise zur Werkstatt ans Licht treten, wurden Tunnelstümpfe gebaut, an die man vier Dekaden später anknüpfte. Bemerkenswerterweise dauerte der Bau der 1,2 Kilometer bis zum Bahnhof **Tierpark** genauso lange wie die Errichtung der gesamten Ursprungslinie, nämlich vier Jahre. Mit seinen kleinen rechteckigen Fliesen und der hohen Halle nimmt die am 25. Juni 1973 eröffnete Station unmittelbar auf die Grenander-Gestaltung Bezug.

Sie hat jedoch einige Schönheitsfehler: So ist das Aufsichtsgebäude wie eine Kommandobrücke über die gesamte Bahnsteigbreite in den Raum gebaut. Hoch über den Köpfen der Fahrgäste, für diese kaum sichtbar, verrichten die BVGler ihren respekterheischenden Dienst. Wegen der dunklen Fugen zwischen den hellen Fliesen, den in Höhe der Schilder hoch- statt querrechteckig verlegten Kacheln, der unterschiedlichen Stützenverkleidung und den melierten Bodenfliesen wirkt der ganze Raum unruhig. Und die Schilder an den Wänden kann man kaum entziffern.

Trotzdem besitzt der Bahnhof Tierpark, wo man sich wie im Westen an neuen Gleiskörperformen versuchte und die Schienen ohne Schotter und Schwellen verlegte, eine architekturhistorische Bedeutung: Er blieb der einzige Tunnelbahnhof, der in der DDR völlig neu angelegt wurde.

Dabei hatte man Ende 1968 großartig angekündigt, endlich die seit Jahrzehnten geplante Linie F nach Weißensee zu bauen, für die am Alex schon seit 1930 die Gleise im Bahnhof liegen; acht Stationen auf neun Kilometern sollten entstehen. Und noch 1970, als die Arbeiten eigentlich anfangen sollten, wurde verlautbart, das Ost-Berliner U-Bahn-Netz innerhalb von 25 Jahren auf 56 Kilometer zu vervierfachen.

Doch erst die pure Not führte in den frühen 80er Jahren zu konkreten Planungen, die dann auch alsbald in die Tat umgesetzt wurden. Man hatte herausgefunden, daß vor allem die zentrale S-Bahn-Strecke zwischen Ostkreuz und Friedrichstraße nach der Anbindung der Neubausiedlungen in Hohenschönhausen und Marzahn keine freien Kapazitäten mehr besaß. Für den Schnellbahnanschluß der Trabantenstadt Hellersdorf blieb so nur die U 5, die man eigentlich immer nach Karlshorst, vielleicht sogar bis Oberschöneweide, hatte verlängern wollen.

An der DDR, dem dortigen Städtebau, dem Zustand des öffentlichen Nahverkehrs gibt es sicher viel zu kritisieren – aber immerhin bemühte man sich zumindest in Berlin, den größten Neubauarealen Schnellbahnanschlüsse und somit rasche, umweltfreundliche Verbindungen ins Zentrum zu geben. Im Westteil der Stadt war dies nur bei der Gropiusstadt der Fall. Das berühmteste Negativbeispiel ist dort das Märkische Viertel, für das Anfang der 60er Jahre die Planungen begannen und in dessen Nähe 1994 die U-Bahn fahren soll. Ob sie jemals bis in die Siedlung verlängert wird, steht in den Sternen, und so endet sie vorerst an einem Ort, an dem die S-Bahn seit 80 Jahren hält.

Der einzige neue Tunnelbahnhof der DDR

Schlicht durch die Betonwüste

In Ost-Berlin kam es dagegen zu einem regelrechten Wettlauf zwischen dem Häuserbau – bis 1990, hatte die SED versprochen, sollte die Wohnungsnot beseitigt sein – und der U-Bahn. Sie war aber auch so ziemlich das einzige, was das letzte große DDR-Neubauviertel noch an Infrastruktur bekam. Die Straßen und insbesondere die Vorgärten sind bis heute nicht richtig fertig (wie übrigens auch die Innenverkleidung manches U-Bahn-Zugangs), Einkaufszentren (wie das »Spree-Center« am U-Bahnhof Kaulsdorf-Nord), Kultur- und Freizeiteinrichtungen, Parks, selbst das Rathaus müssen größtenteils noch gebaut werden.

Angesichts des engen Zeitrahmens war an den Neubau einer Strecke aus der City natürlich nicht zu denken, Tunnel mußten überhaupt die Ausnahme bleiben: Nur 1,58 der 10,1 Kilometer zwischen Tierpark und Hönow verlaufen unterirdisch. Am 1. März 1985 begannen die Bauarbeiten, ab 1. Juli 1988 fuhren die Züge bis Elsterwerdaer Platz, exakt ein Jahr später bis Hönow. Zugleich wurde die Altbaustrecke für den dort angestrebten Zugabstand von 2,25 Minuten umgerüstet, die gesamte Signal-, Sicherungs- und Informationstechnik sowie Teile der Energieversorgung ausgetauscht und auf der ganzen Linie vereinheitlicht.

Wie schnell und billig alles gehen mußte, erkennt man als Fahrgast an einem unscheinbaren Detail: Wer den neuen Gleiskörper betrachtet, sieht, daß zwischen den Betonschwellen in bestimmten Abständen immer eine Holzschwelle liegt. Der Einfachheit halber hatte man sich der bei der S-Bahn verwendeten Schwellen bedient. Jene, an die man die Stromschienenhalter anbringen kann, taugten jedoch wegen der etwas anderen Installationstechnik nicht. Ein Extramodell zu entwickeln, hätte nicht gelohnt und auch zu lange gedauert, also benutzte man an den entsprechenden Stellen die traditionellen, auch im neuen Tunnel verlegten Holzschwellen.

Die Knappheit an Zeit und Geld hatte bei der Linie E Tradition, was sich nicht zuletzt in der wiederum knappen Gestaltung niederschlug. Die ganze, nunmehr über 19 Kilometer lange U 5 ist ein Graus für Schnörkelanbeter. Keine andere U-Bahn-Linie in Berlin ist von einer so durchgängigen architektonischen Strenge. Mit ihren roten Klinker- und grauen oder beigefarbenen Putzflächen sowie weißen Dachzonen passen die neuen Zugangsbauwerke zur Farbgebung der gesamten Siedlung. Teilweise erreichen sie beachtlichen Umfang, da man anstelle von Fahrstühlen überall Rampen mit einer Neigung von maximal zehn Prozent baute – was eine unbequemere, aber auch unverwüstliche Lösung ist. Dabei war sowohl an den erwünschten Kinderreichtum gedacht als auch an Rollstuhlfahrer, für die man in Hellersdorf eine Anzahl von Wohnungen errichtet hatte.

An einigen Stellen, etwa am **Elsterwerdaer Platz**, nutzte man die großen Eingangshallen, um das Nützliche mit dem Schönen zu verbinden und gestaltete aus dem Labyrinth von Rampen, Geländern und ausgefallenen Lampen interessante Räume. Doch ansonsten betrachtete man die Zugänge als reine Zweckbauten ohne künstlerischen Anspruch, von denen – wie schon am Tierpark – nicht einmal die Gestalter zu ermitteln sind: »Volkseigenes Tiefbaukombinat Berlin« heißt es dazu selbst in der Fachliteratur lapidar.

Gleich hinter dem Bahnhof Tierpark durchfährt die U-Bahn eine scharfe Linkskurve, um aus ihrer ursprünglich vorgesehenen Trasse nach Karlshorst auf die der rechtwinklig kreuzenden »Verbindungsbahn nach Kaulsdorf« zu kommen. Die alte, nicht mehr benötigte Reichsbahnstrecke bot eine hervorragende Möglichkeit, ohne allzu großen Aufwand in die Nähe der Neubausiedlung zu kommen.

»Um die Beförderungsqualität auf der bereits weitgehend ausgelasteten Strecke Alex-Tierpark nicht drastisch zu verschlechtern«, sollte nur jeder zweite Zug auf die neue Trasse fahren. Die Kehranlage am Tierpark taugte aber nur noch zum Abstellen von Zügen, da sie in der Achse nach Karlshorst gebaut war. Deshalb enden die Züge nun in **Biesdorf-Süd**, einem Halt in öder Gegend, der noch zum wichtigen Umsteigepunkt werden könnte, sollte eines Tages die von der DDR geplante S-Bahn auf dem östlichen Außenring, zwischen Hohen-Neuendorf und Schönefeld, gebaut werden.

Ansonsten bleibt es das Geheimnis der Ost-Berliner Verkehrsplaner, warum man die Züge nicht wenigstens bis Elsterwerdaer Platz fahren ließ, wo es einen P+R-Platz, Busanschlüsse und sogar eine Rolltreppe gibt.

Die Rückkehr der Blumenbretter

Die Station **Wuhletal** bedeutete für Berlin eine Premiere: Erstmals halten hier S- und U-Bahn an einem Bahnsteig. Daß jeweils eine Fensterfront der Zugabfertigerhäuschen zugestellt ist, liegt daran, daß die auf dem stadteinwärts führenden Bahnsteig postierte Reichsbahn ebenso wie die auf dem Südperron plazierte BVG nur ihre eigenen Züge abfertigt, vom jeweils anderen Bahnsteig mit Hilfe von Kameras. Die Trennlinie zwischen den beiden Verkehrsträgern ist auch sichtbar in Form der kleinen gelben Ziegelwände auf den Bahnsteigen, die zugleich an das untergegangene Ost-Berliner Tarifsystem erinnern: Hier hingen Fahrscheinautomaten, »Zahlboxen« und Entwerter; wechselte man von einem Zug zum anderen, mußte man ein neues Ticket lösen. Zwar gab es einen Einheitstarif von 20 Pfennig, doch der erlaubte nur das Umsteigen innerhalb von S- oder U-Bahn. Erst mit der Eröffnung des Bahnhofs Wuhletal wurde ein neuer Übergangsfahrschein eingeführt.

Das direkte Zusammentreffen mit der S-Bahn gab aber nicht nur den Hellersdorfern die Möglichkeit, von hier aus doch noch mit der S-Bahn zum Alex zu fahren, was drei Minuten schneller geht als mit der U5. Vor allem besaß es für die Ost-Berliner U-Bahn große betriebliche Bedeutung: Durch den Bau einer dreigleisigen »Übergabegruppe«, die man bei der Fahrt nach Hönow kurz vor Wuhletal rechts abzweigen sieht, wurde mit der direkten Verbindung zur Reichsbahn auch eine zu deren Ausbesserungswerk Schöneweide geschaffen. Die 1930 eröffnete Betriebswerkstatt Friedrichsfelde war wegen der Zeitumstände nie über eine Wagenhalle hinausgekommen. Nach dem Mauerbau fehlte Ost-Berlin eine Hauptwerkstatt. So übernahm das RAW Schöneweide wie für die Straßen- auch für die U-Bahn diese Funktion. Da aber keine Gleisverbindung existierte, mußten die Wagen bis Februar 1989 auf Tieflader gehievt und über die Straße bugsiert werden.

1945 waren in Friedrichsfelde schon einmal U-Bahn-Wagen per Lastwagen gegangen und gekommen: Die Sowjetunion hatte 120 »C-Wagen« als Reparationsleistung nach Moskau gebracht, wo sie bis 1966 eingesetzt wurden. Darunter waren neben Fahrzeugen des von der BVG

Rechts neben dem Signal: die mechanische Fahrsperre

so bezeichneten Typs »C 3«, der für die heutige U 8 beschafft worden war, auch alle, elektrisch anders ausgerüsteten, »C 4-Wagen«, die man für die Friedrichsfelder Linie gekauft hatte. Um den Verkehr wieder aufnehmen zu können, brachte man Kleinprofilfahrzeuge aus der Werkstatt Grunewald auf Lastwagen quer durch die zerstörte Stadt nach Friedrichsfelde.

Dort wurden die Wagen umgerüstet. Das äußerlich sichtbarste Merkmal waren die »Blumenbretter«, etwa zwölf Zentimeter breite seitliche Bohlen, die die Lücke zwischen den Kleinprofilwagen und den für breitere Fahrzeuge ausgelegten Bahnsteigen überbrücken sollten. Sie hatte es gut 20 Jahre zuvor schon einmal gegeben, als die »Nordsüdbahn« zunächst mit Kleinprofilzügen betrieben werden mußte. Mit der 1949 vollzogenen Teilung der BVG stand deren Osthälfte dann gänzlich ohne Großprofilfahrzeuge da.

Neun Jahre später stellte man auf einem »Weißenseer« Gleis am Alex zwei entsprechende Prototyp-Triebwagen vor, die der VEB Waggonbau Ammendorf entwickelt hatte. Doch der Serienbau ließ bis zum St.-Nimmerleins-Tag auf sich warten.

Unfreiwillige Westhilfe

Wie gerufen kam da der nach dem Mauerbau in West-Berlin ausgerufene S-Bahn-Boykott («Wer mit der S-Bahn fährt, zahlt den Stacheldraht am Brandenburger Tor!«), der die Züge in der »Frontstadt des Kalten Krieges« schlagartig leerte und somit viele Wagen entbehrlich machte. Dank dieser Westhilfe konnte sich die Reichsbahn nicht nur mit immer wieder umgebauten S-Bahn-Wagen ohne Fahrzeugneuentwicklung über die nächsten 25 Jahre retten, sondern sogar Züge an die U-Bahn geben. Ab 1962 wurden nicht mehr benötigte S-Bahn-Wagen in Schöneweide umgebaut. Zwar heißt es, daß dabei nur die Fahrgestelle verwandt wurden, aber nicht nur das für die Berliner S-Bahn charakteristische Heulen und Singen der Motoren, das Zischen und Schnaufen der Bremsen – Geräusche, die in den Tunneln, wo die Fahrzeuge ja gar nicht eingesetzt werden sollten, sehr laut werden – erinnern an die Herkunft der Wagen. Auch die Holzleisten, das entsprechend kantige

Design, die Türen mitsamt ihrer gebogenen Griffe wurden offenkundig übernommen.

72 Wagen baute man bis 1968, erst dann konnte der Einsatz der »Blumenbretter«-Züge beendet werden. Bis 1990 folgten 110 weitere, moderner ausgestattete; die älteren Fahrzeuge waren inzwischen nachgerüstet worden. An dem äußerst schäbigen Design mit nicht bündig schließenden Klappen, abplatzendem und unpassend ersetztem Resopal, nicht abgedeckten Fugen, verschiedenen, nebeneinander montierten Schrauben und ähnlichem änderte dies jedoch nichts.

Als man für die Verlängerung nach Hönow mehr Züge brauchte, kam man auf die gewohnte Weise nicht weiter. Die S-Bahn, für die der

So einfach wie möglich: Endbahnhof Hönow mit der typischen Bank und Beschilderung aus der Schlußzeit der DDR

erste neue Wagentyp seit rund 50 Jahren gerade erst in die Serienfertigung gegangen war, konnte auf Grund gewachsener Beanspruchung keine weiteren Züge entbehren, zumal der Wagenpark hoffnungslos überaltert war. So knüpfte man Kontakte nach West-Berlin, das die 64 ältesten, 1957 bis 1960 gelieferten Doppeltriebwagen vom Typ »D« abgab, gegen Verrechnung mit den Unterhaltungskosten für die Transitstrecken der U 6 und U 8.

Die grobe Unterscheidung der Wagentypen ist auch für Laien leicht nachvollziehbar: »A« und »G« sind Kleinprofilfahrzeuge. »B« bezeichnete die ersten, nur knapp 13 Meter langen Großprofilwagen, darunter die wegen ihrer ovalen Stirnfenster als »Tunneleulen« legendär gewordenen (Typ »B 1«, 1924–1926 beschafft; verbesserter »B 2«, 1927–1929 beschafft, ebenfalls bis 1969 ausgemustert). »C« stand für die wesentlich weiterentwickelten, 1929/1930 in Serie gelieferten und bis 1975 eingesetzten »Langwagen«. Von den »D«-Typen besitzt die – nun wiedervereinigte – BVG noch 430 Stück, darunter 64 für Ost-Berlin umgerüstete und umlackierte. Der Prototyp-Doppeltriebwagen (Nummer 2000 und 2001, immer noch im Regeleinsatz) wurde 1956 beschafft, die Serie, ab 1965 mit Leichtmetallwagenkästen, bis 1971 gebaut. 1973/1974 begann dann die Ära der »F«-Typen, im Laufe von 20 Jahren in immer neuen Varianten gebaut. Da das Netz ständig wuchs, brauchte man auch permanent neue Fahrzeuge, 446 sind es inzwischen. Deutliche Unterscheidungsmerkmale sind die eckigeren Wagenkästen, die selbstöffnenden Türen und die erstmals bei der Berliner U-Bahn durchgängig eingebauten Quersitze, von denen man jedoch teilweise ebenso wieder abkam wie von der hellgrauen Innengestaltung, an deren Stelle wieder spießiges, Holzmaserung imitierendes Resopal trat. Darüber hinaus waren die »F«-Züge als erste mit verriegelten Türen ausgestattet, besitzen teilweise Drehstromtechnik, sind für den automatischen Betrieb per »Linienzugbeeinflussung« gerüstet, für die »Fahrerselbstabfertigung« und und und. Ab 1997 sollen schließlich die ersten 115 Wagen der Serie »H« über die Gleise rollen (Lieferung des Prototyps: Mitte 1995), wiederum technisch wesentlich verbessert, wobei für die Kunden am auffälligsten sein wird, daß alle Wagen zu einem einzigen, über 100 Meter langen Fahrgastraum zusammengefaßt sind. Außerdem ist man – angeblich definitiv – zu Längssitzen zurückgekehrt.

Wann damit die »D«-Typen ersetzt werden können, wird nicht zuletzt die Entwicklung des Verkehrsaufkommens entscheiden. Auf der U 5 werden diese Wagen wohl am längsten bleiben, hier, wo zunächst die alten mechanischen Fahrsperren gegen magnetische ausgetauscht werden müssen, möchte die BVG erst einmal die 172 noch vorhandenen Ex-S-Bahn-Wagen (Typ »E«) loswerden. Die ältesten sollen ab 1993 verschwinden, die 82 moderneren gegen Ende des Jahrzehnts. (Alle Zahlenangaben vom Februar 1993.)

Mit der Unterfahrung des S-Bahn-Gleises von Strausberg biegt die U 5 hinter dem Bahnhof Wuhletal in ihren einzigen größeren Tunnelneubau ein, der bis kurz vor die nächste Station reicht. **Kaulsdorf-Nord** ist der erste Halt im neuen Wohngebiet und hat schon eine Umbenennung hinter sich. Wie an den beiden anderen umgetauften Stationen ist dies unter anderem daran zu erkennen, daß hier das U-Bahn-Logo auf den Schildern fehlt. Da diese nur überlackiert wurden, sieht man es bei genauem Hinschauen ebenso durchschimmern wie den alten Namen, in diesem Falle »Albert-Norden-Straße«, nach dem einstigen Chefagitator der DDR. Heinz Hoffmann, langjähriger Verteidigungsminister, mußte im Oktober 1991 der **Grottkauer Straße** weichen; der frühere SED-Chef von Berlin, Paul Verner, Louis Lewin. Vor dieser Station passiert man den Bahnhof **Hellersdorf**, Kreuzungspunkt mit der 1991 eröffneten Straßenbahnstrecke nach Marzahn. Auf den ausgedehnten Freiflächen wartet das geplante Stadtteilzentrum auf seinen Bau, der Einzelhandel hat vorerst Behelfshallen am Geländerand bezogen. Hinter der Louis-Lewin-Straße schließt sich eine größere Abstellanlage an, die bis zum Sackbahnhof **Hönow** reicht. Nachdem ein Teil der Dorffläche – von der DDR wegen des Viermächtestatus klammheimlich, mit der Länderneubildung dann offiziell – nach Berlin eingemeindet worden ist, verläuft die Stadtgrenze direkt am U-Bahn-Eingang: Wer die Straße betritt, ist schon in Hönow. Gegenüber liegt ein kleiner Tümpel, kühn »Hechtsee« genannt.

Daß er jemals unter der U-Bahn verschwinden wird, ist kaum zu befürchten. Am anderen Ende der U 5 ist dagegen ein Ausbau fest vorgesehen, dieser Plan war Mitte der 20er Jahre bereits ein Grund, die Friedrichsfelder Linie zu verselbständigen. Damals sollte sie allerdings noch via Molkenmarkt und Leipziger Straße zur Potsdamer Straße und weiter nach Steglitz geführt werden. Diese Absicht wurde später auf die noch immer projektierte Linie F bzw. U 10 nach Weißensee übertragen, von der die U 5 den »Westarm« quer durch das alte Zentrum über Brandenburger Tor, Reichstag, Lehrter Bahnhof, Turmstraße, Jungfernheide zum Flughafen Tegel übernahm. Als Tunnel durch das künftige Regierungsviertel haben diese Pläne mittlerweile höchste Priorität erhalten.

Gelbe Blitze unterm Nierenschwung

Die U 6 zwischen Seestraße und Alt-Tegel, die U 9 zwischen Leopoldplatz und Spichernstraße

»Die neue U-Bahn-Strecke hat neun Stationen, von denen der Bausenator in seinem Prospekt sagt, man habe ihnen eine ›erfreuliche Atmosphäre‹ geben wollen. Das ist das Understatement schlechthin, denn diese Bahnhöfe sind Paletten-Paläste, es sind begehbare Mosaike, und jeder von ihnen bekennt auf andere Weise Farbe. Wer ist der Schönste: Ist es die Haltestelle Kurfürstendamm mit den hellen grünen Kacheln, die wie Frühlingserwachen wirken, die einen Ausflug ins Grüne ersetzen und ganz natürlich kontrastieren mit dem sandfarbenen Mosaik der Mittelsäulen? ...

Aber ist nicht der Bahnhof Zoo mit dem lebhaften Gelb der Kacheln, mit der spezifischen Lebendigkeit eines Knotenpunktes ..., der erregendste aller Haltepunkte? Wer aber wollte die Station Birkenstraße verachten, wo der Architekt offenbar vom Namen inspiriert worden ist und ein lindes Grün für die Wände genommen hat? ... Es ist eine farbenfrohe Untergrundbahn, der man am Montagmorgen die Strecke freigegeben hat, keine triste Kellergeschichte.«

Der Reporter der »Frankfurter Allgemeinen« war begeistert, als er im August 1961 die neue Berliner U-Bahn-Linie vom Leopoldplatz zur Spichernstraße beschrieb. Und er stand nicht allein. Am selben Tag bescheinigte der »Tagesspiegel« den Stationen Zoo und Kurfürstendamm einen »repräsentativen Eindruck«. Fünf Jahre zuvor hieß es über die neuen, fast genauso gestalteten Bahnhöfe auf der heutigen U 6, sie seien »luftig, licht und hell ausgeführt, architektonisch wohlgelungen«.

Hochbahnhof der 50er Jahre: Stahl- und Glaskästen …

Bruno Grimmek, damals Leiter der Abteilung »Hochbau-Entwurf« beim Bausenator, hatte den Zeitgeschmack getroffen.

Heute dagegen sind diese Stationen bei der Presse, bei den Entwerfern der Senatsbauverwaltung wie wohl auch bei der BVG herzlich unbeliebt. Rainer G. Rümmler, Nachfolger von Grimmek und längst Verfechter einer ganz anderen Art von Bahnhofsgestaltung, entschuldigte ihr Aussehen sogar mit »der großen Geldknappheit in Berlin nach Blockade und Währungsreform«. Zudem hätten »die technischen Vorgaben seitens des Verkehrs die Architekten sicherlich behindert«.

Das ist, mit Verlaub gesagt, Quatsch. Vor drei Dekaden lobte man an den neuen U-Bahnhöfen gar nicht, daß sie preiswert waren oder praktisch, man fand sie schön – wie die West-Berliner Zeitung »Der Tag«, die von »imponierenden« Haltepunkten, »die an architektonischer Ausgestaltung nichts zu wünschen übrig lassen«, sprach. Dagegen entspricht es wohl mehr der Auffassung der 80er Jahre, als künstlerisch gestaltet nur das anzusehen, was möglichst aufdringlich hergerichtet ist.

Will man die Bedingungen beschreiben, unter denen die Bahnhöfe entstanden, muß man zurückblenden bis ins Frühjahr 1929. Damals hatte Verkehrsstadtrat Ernst Reuter von den Stadtverordneten den Segen für ein umfangreiches U-Bahn-Bauprogramm erhalten. Als erster Schritt waren sechs völlig neue Linien vorgesehen, außerdem die Verlängerung der heutigen U6 zur Scharnweber- und zur Ullsteinstraße, der U2 zur Pankower Breiten Straße, der U8 zum Bahnhof Wilhelmsruh und nach Britz, sowie der U5 vom Alex nach Steglitz. Das bestehende Netz von knapp 76 Kilometern Betriebsgelände sollte um rund 81 Kilometer wachsen, weitere Linien und Verlängerungen waren »angedacht«. Die kurz darauf hereinbrechende Weltwirtschaftskrise verhinderte die auch nur ansatzweise Umsetzung dieses Programms. Daß unter den Nazis, wie immer behauptet wird, überhaupt kein U-Bahn-Bau stattfand, stimmt allerdings nicht. Kaum waren die Grundzüge der Umgestaltung Berlins zur »Welthauptstadt Germania« erarbeitet, machte man sich im Sommer 1938 wieder an den Tunnelbau, nach einem Konzept, das kaum »gigantomanischer« war als das des inzwischen aus Deutschland vertriebenen Reuter, dem es partiell folgte. Die an mehreren Stellen betriebenen Arbeiten wurden kriegsbedingt jedoch bald wieder eingestellt und blieben folgenlos – jedenfalls für die U-Bahn. Auf die Erbauer der neuen gigantomanen Tunnel durch das Regierungsviertel wartet zum Beispiel noch »Baulos 68«, ein 200 Meter langer Tunnel am Reichstag, der ebenso wie die damals begonnene Spreeumleitung nach 1945 einfach mit irgendwelchem Material aufgefüllt wurde. Mit der Nordsüdstrecke der S-Bahn, einem seit langem verfolgten, von den Nazis dann 1934 bis 1939 verwirklichten Projekt, wurde damals übrigens sehr wohl ein Schnellbahntunnel fertiggestellt.

Die politischste Linie

Kaum war im Herbst 1951 mit der Eingangshalle am Wittenbergplatz der Wiederaufbau der U-Bahn abgeschlossen, machte man sich an deren weiteren Ausbau. Dabei mag auch eine Rolle gespielt haben, daß Reuter mittlerweile Regierender Bürgermeister geworden war. Hatte die U-Bahn etwa in den 20er Jahren nie mehr als 15 Prozent aller Kunden des öffentlichen Nahverkehrs befördert, sollte sie nun zu dessen Hauptträger werden. Gleichzeitig fällte man das Todesurteil für die Straßenbahn.

Die Wahl, wo man Tunnel anlegen wollte, fiel nicht schwer. Als am 26. Oktober 1953, wenige Wochen nach Reuters Tod, in der Weddinger Müllerstraße der erste Rammschlag fiel, baute man einfach eine Verlängerung weiter, an der die Arbeiten 1930 aus Geldnot hatten eingestellt werden müssen.

Vor allem politische Gründe spielten dagegen bei der Entscheidung für die heutige U 9 (damals mit »G« bezeichnet) eine Rolle: Ohne die Teilung Berlins wäre diese bisher einzige Linie, die seit 1930 völlig neu gebaut wurde, wohl kaum so schnell angelegt worden. Mit der Spaltung hatte sich das Amüsierviertel an der Gedächtniskirche zur West-Berliner City entwickelt, zu der eine Querverbindung zwischen Norden und Süden fehlte.

Alle drei Nordsüdstrecken von U- und S-Bahn führten außerdem durch den Ostsektor. Nicht nur, daß den manche nicht durchqueren wollten oder konnten, in der aufgeheizten Atmosphäre der 50er Jahre mußte man auch ständig damit rechnen, daß der Osten die Strecken sperrte (1953 war schon der Straßenbahnverkehr zwischen den Sektoren eingestellt worden). Dann hätte nur noch der Nordast der heutigen U 6 Anschluß an die einzige Großprofilwerkstatt an der Seestraße gehabt. Erst mit dem Bau der U 9 einschließlich ihrer Verlängerungen zu den Kreuzungspunkten mit der U 7 und der U 8 (die dafür ebenfalls ausgebaut wurden) wurde der Großprofilbetrieb von Ost-Berlin unabhängig.

Auch bei der Eröffnung der zunächst rund sieben Kilometer langen Linie spielte die Politik eine Rolle: Der Termin wurde um fünf Tage auf den 28. August 1961 vorverlegt, war doch am 13. mit dem Mauerbau begonnen und daraufhin in West-Berlin die S-Bahn boykottiert worden, so daß sich die BVG einer Fahrgastflut ausgesetzt sah, die sie an den Rand des Zusammenbruchs brachte.

Schließlich schlugen sich auch in der Gestaltung der Bahnhöfe politische Aspekte nieder. Die gesamte westliche Kunstwelt, ob in der Malerei, der Bildhauerei oder der Baukunst, stand unter dem doppelten Trauma des vorangegangenen faschistischen Protzes und der Konfrontation mit dem stalinistischen Pathos. Jede künstlerische Äußerung wurde da zu einer politischen. Nicht nur im Osten gab es ein Kunstdogma: Wer im Westen etwa gegenständlich malte, war sofort kommunistischer Neigungen verdächtig.

Blankes Metall, schwebende Bänke

Man wollte an die besseren ästhetischen Traditionen Deutschlands, also an die Moderne der 20er Jahre, anknüpfen. Der klobigen Kulissenarchitektur des Totalitarismus sollten organische Formen, unbeschwerte Schwünge, fließende Linien, Transparenz und Klarheit, Reduktion und die »reine« Wirkung der Baustoffe entgegengesetzt werden.

Deshalb sind die abgehängten Decken auf Grimmeks Bahnhöfen vom Unterzug zur Seitenwand hin geschwungen (natürlich mit aus der Mitte gerücktem Scheitelpunkt, damit ja niemand an Gewölbe denkt); deshalb verankerte man die auch an den Eingängen verwandten simplen Stahlstabgitter innerhalb des Bahnhofs nur unten, nicht seitlich, so daß sie schlicht in den Raum gestellt wirken. Deshalb scheinen die Sitzbänke auf einem dünnen Rohr zu schweben; deshalb reichen die – wie die Zugzielanzeiger natürlich unlackierten – Metallstangen, zwischen denen die Schilder hängen, von der Decke nicht bis zum Boden, sondern enden an den Bänken in Höhe der Sitzflächen.

Die Schrift besteht aus filigranen, einfachen Buchstaben mit einheitlicher Strichstärke, die auf die Schilder und teilweise direkt auf die Wände montiert sind. Die Wandverkleidung mit meist pastellfarbenen Keramikfliesen erinnert sowohl an Grenanders Vorkriegsstationen als auch an Schwimmbäder. Aber gerade damit vermied man, die Menschen mit dräuenden Mauern, Marmor- und Muschelkalkplatten einzuschüchtern. Dem entspricht auch die langgezogene Sechseckform von Stützen, Kiosken, Diensthäusern und Vitrinen, durch die der Blick »weitergeleitet« werden sollte, statt an einer »dritten Wand« hängenzubleiben. Und dazu passen die zurückhaltend funkelnden, farbigen Glasmosaiksteinchen, mit denen man Stützen, Treppenwände und Vorhallen verkleidete, die aber nur in den ersten Jahren zu einfachen Mustern geordnet wurden.

Grimmek, der auch das Marshall-Haus auf dem Messegelände oder das Palais am Funkturm entwarf, reduzierte und entmaterialisierte seine Stationen immer mehr. Die gelb-orange Farbgebung des 1952/1953 umgebauten alten Bahnhofs **Seestraße** ist noch ungewöhnlich intensiv. **Rehberge**, die erste neue Station, besitzt nicht nur die schon erwähnten Muster in den Eingangsbereichen, statt mit Mosaiksteinchen sind die

Dynamisch ausladende Betondächer aus den 50ern

Stützen hier auch noch mit Terrazzo verkleidet. Die Bänke sind lange Gebilde mit geschlossenen Seitenwänden, die aber nicht so schwerfällig wirken wie an der **Afrikanischen Straße**, wo das dunkelbraune Holz nicht lackiert wurde.

Diese Station wurde erst kürzlich durch den Einbau eines im Grundriß wie der Farbgebung völlig unpassenden Diensthauses verunstaltet. Daß von der Eleganz der »Fifties-Bahnhöfe« heute nur noch wenig zu spüren ist, liegt denn auch nicht nur daran, daß sie inzwischen renovierungsbedürftig sind. Im Gegenteil: Je mehr verändert wurde, desto mehr Glanz ging verloren. Daß man beim Lampenaustausch wenigstens die den Deckenschwung betonende Anordnung beibehielt (die Grimmek auch gewählt haben soll, weil so das Licht am besten ausgenutzt wurde), ist dabei eine ebenso positive Ausnahme wie der geschickte Anbau der heute üblichen Zugabfertigerkanzeln.

Verändert wurde auch der berühmte Komplex, der sich direkt am Südausgang von Afrikanische Straße befindet: die 1926 bis 1928 nach Plänen Jean Krämers errichtete »Straßenbahnstadt«, ein von rund 300 Dienstwohnungen umgebener Betriebshof. Seine Zufahrt flankieren zwei 32 Meter hohe expressionistische Turmhäuser. Einen Tag, nachdem mit der U-Bahn nach Tegel die erste große Streckenerweiterung bei diesem Verkehrsmittel erfolgt war, fand auch die erste großflächige Straßenbahnstillegung statt: Fast der gesamte Norden West-Berlins wurde am 1. Juni 1958 »tramfrei« gemacht, die »Straßenbahnstadt« stillgelegt und genau zwei Jahre später, nach unvorteilhaftem Umbau der Hallenfront, als Autobushof wiedereröffnet.

Bis zur Station **Kurt-Schumacher-Platz**, wo die über dem Bahnsteig liegenden Zwischengeschosse teilweise für eine flache Decke sorgen, fuhr die U-Bahn schon ab 13. Juni 1956. Unmittelbar dahinter gelangt sie auf einen Damm, den man mit dem Bodenaushub der Tunnelstrecken aufschüttete. Nicht zuletzt die Kreuzung mit dem damals schon geplanten Autobahntunnel am Flughafen Tegel ließ es ratsam erscheinen, die Strecke über 2,6 Kilometer oberirdisch zu führen. Zum Verkehrskonzept jener Zeit gehörte neben der U-Bahn-Erweiterung und dem Tramtod auch der massive Aus- und Neubau von Straßen und Stadtautobahnen.

Beton und Bruchstein

Anders als fast 30 Jahre zuvor, als Grenanders letzter Hochbahnhof Ruhleben angelegt worden war, war Beton inzwischen zum alles beherrschenden Baustoff geworden. Aus diesem Material, nicht mehr aus Stahl und Holz, bestehen die Dächer der oberirdischen Stationen **Schwarnweberstraße**, **Seidelstraße** und **Holzhauser Straße**.

Am besten erhalten: Birkenstraße – Zwischengeschoß mit in die Decke eingelassenen Lampen

Test the West!
Test the West!

BIRKENSTRASSE
BIRKENSTRASSE

Durch sich nach unten verjüngende Stützen, leichte Innenneigung und eine abgestufte, kräftige Ausbildung des Unterzugs wirken sie fast expressiv.

An der Holzhauser Straße hat man – »reine Wirkung der Baustoffe« – sogar die Verschalungsspuren belassen, Dächer und Treppenschutzhäuser berühren sich nirgends. Wie diese sind auch die Seitenwände der Eingangshallen von oben bis unten verglast, wobei Grimmek die Zugänge nicht – wie bei Hochbahnhöfen üblich – in Verlängerung der Treppenachse anordnete, so daß die Passanten auf die Türen und in die lichten Hallen blicken. Unter den kleinen, mehr als Blickfang denn als Schutz angebrachten Vordächern stand ursprünglich der Bahnhofsname in derselben Schrift wie auf den Stationsschildern. Die Betriebshäuschen, zu denen heute verschlossene Warteräume gehören, sind wiederum mit Kleinkeramik verkleidet, besitzen jedoch nicht die langgezogene Sechseckform wie bei den U-Bahnhöfen.

Kurz vor dem nächsten Halt, **Borsigwerke**, versinkt die Strecke wieder in der Erde. Von allen »Fifties-Sationen« auf der U 6 ist er am unverfälschtesten erhalten. Er hat schon jene Bänke aus vier dicken, fast reckteckigen Elementen, deren Klobigkeit in einem reizvollen Kontrast zu den beiden dünnen Metallrohren steht, auf denen sie ruhen. Die Stangen, zwischen die die Namensschilder gespannt sind, reichen hier noch bis zum Boden.

Abgesehen von den Buchstaben, die dort nicht mehr direkt auf die Wände, sondern – wohl des besseren Kontrasts wegen – auf weiße Schilder montiert wurden, unterscheiden sich die Bahnhöfe der »Linie G« von denen der U 6 nur hinsichtlich einiger Sonderlösungen. Am **Leopoldplatz** verkleidete man die Treppenaufgänge und die Stützkonstruktion unter der vorgefundenen Linie mit Travertin (blanker Kalkstein), ebenso an der **Turmstraße**, wo schon damals die Kreuzung mit der vom Alex zu verlängernden U 5 vorgesehen war. Der Südausgang ist hier eine große, zur Straße hin ganz mit Klarglas, zum Hof mit Glasbausteinen abgeschlossene Halle, Teil der damals errichteten Ausbildungsstätte der U-Bahn.

Der Bahnhof **Westhafen** (bis Oktober 1991 »Putlitzstraße«) besitzt eine flache Decke: Wegen der größeren Tiefenlage in der Nähe eines

Kanals und des Ringbahngrabens ist die Halle niedriger. Am Südende war von Anfang an ein Übergang zur S-Bahn vorgesehen. Am besten erhalten ist **Birkenstraße**, wo man die neue Abfertigerkanzel mit den gleichen Bruchsteinriemchen verkleidet hat wie sie seitlich davon verwendet worden waren.

Im Originalzustand erhalten ist auch noch das Zwischengeschoß mit seinen runden, in die Decke eingelassenen Lampen. Sie ordnete man mit Vorliebe nicht in Reih und Glied an, sondern »verstreute« sie zwanglos (ein entscheidender Begriff!). Wie praktisch überall sind die Stützen auch hier, wenn sie nicht in der Mittelachse des Bahnhofs stehen, rund.

Deutliche Besonderheiten weist hingegen **Hansaplatz** auf: Statt Fliesen an den Wänden kleine Plättchen, die Stützen dafür alu-ummantelt. Die direkt auf die Wände applizierten Buchstaben weisen darauf hin, daß dies die älteste Station der Strecke ist. In ihrer Nähe wurde im Juni 1955 mit dem Bau der »Linie G« begonnen, der Halt Hansaplatz mußte zur Internationalen Bauausstellung 1957 fertig sein. Schließlich lag er im Zentrum ihres Kernstücks, des neuen Hansa-Viertels, das vielleicht die gelungenste Berliner Wohnanlage seit dem Zweiten Weltkrieg ist. In der vor »reinen Materialwirkungen« strotzenden südlichen Eingangshalle ist in eine Fensterscheibe das »Interbau«-B eingeschliffen. Ebenso wie die direkt daneben befindliche Bücherei oder auch der nahe Neubau der Akademie der Künste stammt der Eingang von Werner Düttmann. Den Bahnhof hingegen entwarf Werner Klenke, ein enger Mitarbeiter Grimmeks.

Am **Zoo** dann ein Hinweis zwischen den Gleisen: Diesen schotterlosen Oberbau besaß 1961 die ganze Linie. Er »kostete in der Anlage zwar nicht weniger, ist aber billiger im Unterhalt als die ›gestopften‹ Strecken, kann nicht soviel Staub aufwirbeln lassen und ermöglicht ein ruhigeres und geräuschärmeres Fahren«, glaubte man damals einem Zeitungsbericht zufolge. Wie die diversen Experimente mit schotter-, teilweise auch schwellenlosem Oberbau, die noch folgen sollten, bewährte er sich langfristig jedoch nicht.

Als er in den 80er Jahren ausgetauscht werden mußte, waren auch die Bahnhöfe renovierungsbedürftig. Da man glaubte, die schlichte Ge-

HANSAPLATZ

staltung sei keine Absicht, sondern Sparzwang gewesen, fühlte man sich in diesen supersatten, ganz und gar nicht sachlich gesinnten Jahren berufen, ein wenig »nachzubessern«.

Das schauerliche Ergebnis ist nicht nur ein Bahnhofsgesicht, das mit seinem platten Namensbezug (Zoo = Tiere an der Wand) Kindergartenniveau erreicht. Auch wurde die einstmals strahlend gelbe Halle in ein dumpfes Beige getaucht. Noch schlimmer traf es den Vorraum am Bahnsteig nach Ruhleben: Einstmals übersichtlich, mit einer sanft geschwungenen Stirnwand aus Kiosken und Schaltern, verdarb man ihn beim Einbau eines Fahrstuhls völlig. Leider findet man nur selten Lösungen, die Bahnhöfe behindertengerecht machen, ohne ihre Gestaltung zu zerstören.

Dirty Windows statt Drogenszene

Immerhin verschwanden am **Kurfürstendamm** bei der Renovierung nur die alten Namensschilder. Wundersamerweise wurden keine Bilder von Kurfürsten, sondern Fliesen in alter Form an die Wände geklebt. Die lange Passerelle am Bahnsteig zur Uhlandstraße ist noch vorhanden, ebenso die Vitrinen und Schaukästen, die man sonst gerne beseitigt. In dreien davon irritiert die Passanten seit 1991 die »Dirty Windows Gallery« mit meist monatlich wechselndem Programm, das von teils namhaften Szenekünstlern gestaltet wird.

Der Gang, in dem die Einrichtung liegt, führt zum Joachimstaler Platz, über dem noch immer die gläserne Verkehrskanzel thront (auch ein Entwurf Klenkes), von der aus einst ein Polizist die Ampelanlage an West-Berlins bekanntester Kreuzung steuerte. In den 80er Jahren versuchte man natürlich auch, diese Kanzel als Zeugnis einer ungeliebten Zeit und Formgebung loszuwerden, was jedoch im Gegensatz zu den Ku'damm-Leuchten, die gegen klobige Kitschkandelaber ausgetauscht wurden, bisher nicht gelang.

Aus den 70ern stammen – ebenso wie die giftgrünen Sitzschalen – dagegen die ungewöhnlich hohen, oben abgeschrägten Schutzgitter an den Tunnelmündern des unteren Bahnsteigs. Er war damals ein Hauptteffpunkt der Drogenszene. Der Aufenthalt der »Kinder vom Bahnhof Zoo« sollte so unbequem wie möglich gemacht, aber auch die Gefahr gebannt werden, daß jemand, der auf den Gittern saß, hintüber vor einen Zug fiel.

Die übliche Unsensibilität schlägt einem im südlichen Treppenaufgang entgegen. Der hohe Raum wurde mit riesigen Balken an Stelle der ursprünglich in die Seitenwände eingelassenen Leuchten verbaut. Typisch auch das Vorgehen in der Südhalle von **Spichernstraße**: Ließ Grimmek die Lampen in die niedrige Decke ein, so hängte man später große Leuchtstoffkästen auf, die die geringe Raumhöhe unvorteilhaft betonen. Völlig verändert wurde auch die Bahnsteighalle, die jetzt 32 »Farbklangbilder« von Gabriele Stirl zeigt.

Als jüngste Linie war die U 9 von Anfang an auch die modernste. Und das nicht nur, weil sie bei ihrer Eröffnung 22 Rolltreppen besaß – mehr als bis dahin im gesamten Netz existiert hatten. Erstmals standen die Zugabfertiger hier nicht mehr auf dem Bahnsteig, sondern sie überblickten ihn von Podesten aus; und erstmals benutzten sie als Abfahrtsignal das weiße Blinklicht statt der Kelle, wodurch die Zugbegleiter eingespart wurden. Dabei spielte es auch eine Rolle, daß auf dieser Linie die »Totmannschalter« Berliner Premiere hatten, die den Zug stoppen, wenn der Fahrer sie – etwa bei einer Ohnmacht – losläßt. Neu waren 1961 ebenfalls die leistungsfähigeren magnetischen an Stelle der mechanischen Fahrsperren. Schon vier Jahre später experimentierte man mit automatischem Zugbetrieb, der dann 1976/1977 zum Regelfall wurde.

Von der U 4, wo die Fahrer seit 1981 ebenfalls nur noch zur Kontrolle und zur Beruhigung der Fahrgäste im Führerstand sitzen, unterscheidet sich die hiesige »Linienzugbeeinflussung« von Siemens durch dezentrale statt zentrale Steuerung. Seit Juni 1993 haben die Fahrer aber doch wieder etwas zu tun bekommen: Sie übernehmen die Abfertigung der Züge, wie es nach und nach überall eingeführt werden soll.

Auf der U 9 fuhren immer die modernsten Züge: Schon Mitte der 70er Jahre wurden hier – wie bisher nirgendwo sonst geschehen – die in den späten 50ern entwickelten Fahrzeuge vom Typ »D« verbannt. 1961 hatten sie die Linie G als einzige Strecke ausschließlich bedient, im Vergleich zu den damals dominierenden über 30 Jahre alten Wagen erschienen sie den Fahrgästen als »gelbe Blitze«: »›Det is ja'n Düsenjäger‹ ›Donnerwetter, hat die einen Anzug‹ – ›Da bleibt einem ja die Luft weg‹, so lauteten die Kommentare der meisten Fahrgäste. Wer im Gang der modernen Großraumwagen stand, konnte sich beim Beschleunigen und Bremsen kaum auf den Beinen halten. Auf den Sitzen rutschte man seinem Nachbarn beinahe auf den Schoß«, heißt es im »Tagesspiegel« vom August 1961.

Daß die Linie G die Berliner damals so beeindruckte, hatte aber auch mit dem traurigen Zustand des restlichen Netzes zu tun: So soll die Beleuchtung teilweise derart unzureichend gewesen sein, daß die Treppen »für viele Leute mit sehschwachen Augen zu einem Problem« wurden. An vielen Stellen blätterte die Farbe ab oder hatten sich Fliesen gelöst, durch schadhaft gewordene Wandisolierungen drang Grundwasser und am Hermannplatz regnete es jahrelang durch ...

Daß diese Zustände keine Übertreibungen der Presse waren, sondern sogar das U-Bahn-freundliche Verkehrskonzept des Senats in Gefahr brachten, zeigte die BVG mit der 1961 erfolgten Ankündigung eines »großzügigen Rolltreppenprogramms«, mit dem die Fahrgäste vom Bus weggelockt werden sollten, was bisher nicht einmal der dort höhere Fahrpreis geschafft hatte.

Alles so schön bunt hier

Die U 6 zwischen Alt-Tempelhof und Alt-Mariendorf, fast die gesamte U 7, die U 9 zwischen Güntzelstraße und Rathaus Steglitz die U 8 zwischen Pankstraße und Paracelsusbad

Der Nachfolger Grimmeks, Rainer Gerhard Rümmler, hat als Leiter der Abteilung »Hochbau-Bauentwurf« bei der Senatsbauverwaltung fast alle in den letzten 30 Jahren neuerrichteten U-Bahnhöfe gestaltet. Rein quantitativ kommt ihm damit die gleiche Bedeutung wie Grenander zu. Doch entwickelte sich der in drei Dekaden vom historistischen Dekoranhefter zum Vertreter einer klaren, zurückhaltenden Sachlichkeit, so beschritt Rümmler den genau entgegengesetzten Weg.

Will man von den Anfängen seines Schaffens bei der Berliner U-Bahn reden, so muß man zunächst von einem anderen Architekten sprechen, der in der Stadt einige bemerkenswerte Spuren hinterlassen hat: Werner Düttmann, von 1960 bis 1966 Senatsbaudirektor und von 1971 bis zu seinem Tod 1982 Präsident der West-Berliner Akademie der Künste, deren neues Gebäude im Hansa-Viertel er auch entworfen hatte. Düttmann setzte auf die reine Wirkung der Materialien, auf die Kombination von bestenfalls klar lackierten Holzflächen, rauhen roten Ziegeln, unregelmäßig geformten Steinplatten, auch nacktem Beton und dunklem Stahl sowie riesigen Glasflächen. Neben dem bereits 1957 fertiggestellten Südausgang des U-Bahnhofs Hansaplatz sind die Eingangshallen der Stationen **Blaschkoallee**, **Parchimer Allee** und **Britz-**

Süd gute Beispiele dafür. Sie stehen teils unmittelbar neben Bauten der Hufeisen-Siedlung, einer der berühmtesten Berliner Wohnanlagen der 20er Jahre, mit denen sie sich hervorragend ergänzen. Bei der Gestaltung der Bahnsteighallen auf der ersten, am 28. September 1963 eröffneten Südverlängerung der heutigen U 7 orientierte sich Düttmann dagegen offenkundig an der letzten Arbeit Bruno Grimmeks, **Alt-Tempelhof.**

Wohnhaus aus den Zwanzigern,
U-Bahn-Eingang aus den Sechzigern

Experimente oben und unten

Bei dem erst 1966 eröffneten Bahnhof auf der heutigen U 6 hatte Grimmek Abschied genommen von den geschwungenen Decken und sechseckigen Stützen. Nun dominierten gerade Linien und rechte Winkel; flache Decken, in die die – natürlich gleichfalls rechteckigen – Lampen eingelassen wurden, damit sie die Linearität nicht störten, die noch weiter betont wurde durch die Wandverkleidung aus länglichen, »Spaltriemchen« genannten Keramikstreifen, die die gleiche Form besaßen wie die Ziegelverkleidung der Stützen. Wenn man bedenkt, daß diese Station schon 1961/1962 entstand, also unmittelbar nach den ganz anders gestalteten auf der U 9, spiegelt sich darin auf bemerkenswerte Weise wider, wie sich der ästhetische Zeitgeist innerhalb kurzer Zeit verändert hatte. Die 50er Jahre liebten bei allem Hang zu Abstraktion und Reduktion die ungezwungenen Formen, das Organische. Die Zeit von etwa 1960 bis 1967 war dagegen von großer formaler Strenge bestimmt.

Der Zeitgeist an der Decke

Darüber hinaus erkennt man den Zeitgeist auch hier in unscheinbaren Details: Die unterschiedliche Ausformung der Bahnhofsdecken auf der am 28. Februar 1966 bis Alt-Mariendorf eröffneten Strecke entspringt nämlich nicht dem Wunsch nach abwechslungsreicher Gestaltung. Vielmehr handelt es sich dabei um verschiedene Schallschluckdecken. Was auf der Ursprungsstrecke der U 9 begann, zog sich über die ganzen 60er Jahre hin: Ständig experimentierte man mit neuen Gleisbettkonstruktionen, zwischen Grenz- und Parchimer Allee wurden beispielsweise sechs verschiedene schotter-, teils auch schwellenlose Oberbauformen installiert, jeweils rund 120 bis 150 Meter lang.

Alt-Tempelhof bekam über dem geklebten Gleisbett eine schallhemmende Decke, **Kaiserin-Augusta-Straße** geht diese über die ganze Bahnhofsbreite, während die Schienen in herkömmlicher Weise verlegt wurden, **Ullsteinstraße** ist wieder schotterlos, die Spezialdecke befindet sich nur über dem Bahnsteig. Wie so vieles, von dem man in dieser technikeuphorischen und fortschrittsgläubigen Zeit begeistert war, bewährten sich jedoch auch diese Experimente nicht: teils zu aufwendig, teils im Dauereinsatz technisch untauglich, ist man längst zu den traditionellen Bauweisen zurückgekehrt. Und auch die Vorstellung, daß die Passanten, um den freien Fluß der Autos bloß nicht zu stören, in Scharen die Zwischengeschosse als Straßenunterführungen benutzen würden – worauf man bei der Mariendorf-Strecke erstmals ausgiebig Rücksicht nahm –, hat sich inzwischen als Irrglaube erwiesen.

Ullsteinstraße ist übrigens ein U-Bahnhof, den man auch von außen sieht: Man hängte ihn unter die östliche Straßenbrücke, deren Fahrbahn daher 1,20 Meter höher liegt als die der westlichen, so daß die erforderliche Durchfahrthöhe für die Schiffe auf dem Teltowkanal gewahrt bleibt. Schon jetzt sind erhebliche Probleme abzusehen, wenn diese Wasserstraße demnächst verbreitert werden sollte. Die nächste Station **Westphalweg**, die im November 1969 als erste mit Fahrscheinautomaten versehen wurde, ist architektonisch insofern interessant, als Rümmler, der Düttmann wie auch Grimmek assistiert hatte, hier erstmals statt der »Spaltriemchen« größere Keramikplatten zur Wandverkleidung benutzte.

Auf der am 2. Januar 1970 eröffneten Verlängerung von Britz-Süd bis Zwickauer Damm, vorbei an der 1965 bis 1971 ebenfalls nach Entwürfen Rümmlers gebauten und inzwischen erweiterten Betriebswerkstatt, bilden solche Platten dann einen weißen, waagerecht durchlaufenden Streifen, auf dem die Buchstaben der Stationsnamen stehen.

Beinahe wären diese Stationen oberirdische Haltepunkte geworden. Lange Zeit sollte sogar in Britz-Süd Schluß sein: Bis dahin könnten die kalkulierten 50 000 Bewohner der neuen Großsiedlung Berlin-Buckow-Rudow, auf Beamtendeutsch »BBR« genannt, ja mit dem Bus fahren, soll die BVG einem Zeitungsbericht von 1960 zufolge argumentiert haben. Eine Streckenverlängerung schien ihr nicht rentabel genug.

Rolf Schwedler, die ganzen so zukunftsgläubigen und deshalb für den Städtebau oft verheerenden 60er Jahre hindurch Bausenator West-Berlins, soll die Fortführung der U-Bahn nur mit dem Hinweis auf den Ost-Berliner Flughafen Schönefeld durchgesetzt haben: Nach der bald zu erwartenden (!) Wiedervereinigung könne man ja die Strecke dorthin verlängern. Dabei war aber immer noch an eine Einschnittbahn gedacht. Außerdem spielte man mit dem Gedanken, die BVG zur Personalersparnis in den Zügen kassieren und zwischen Britz-Süd und Rudow nur Kurzzüge pendeln zu lassen.

An der Talberger Straße war sogar schon der Tunnelmund gebaut, als man sich kurzfristig doch für eine richtige U-Bahn entschied. Statt Bahnlärm rund 8,4 Hektar mehr Grün auf der freigehaltenen Trasse, kein Zerschneiden der Siedlung und außerdem geringere Unterhalts- und Reinigungskosten – diese Umstände sollen den Ausschlag gegeben haben.

Hinter den Zusatzschildern unter dem Bahnhofsnamen **Johannisthaler Chaussee** steckt übrigens mehr als man denkt: Walter Gropius, der Begründer und langjährige Leiter des Bauhauses, das Architektur und Design unseres Jahrhunderts wesentlich beeinflußte, hatte die später von der Bürokratie verwässerte Grundkonzeption für »BBR« entwickelt. Nach ihm wurde die Siedlung am 16. September 1972, rund zehn Jahre nach der Grundsteinlegung, benannt.

Den inoffiziell längst gebräuchlichen Namen sollte nun auch der U-Bahnhof bekommen, der im Hauptzentrum der Trabantenstadt liegt. Die Anwohner und teilweise auch der Bezirk wollten dagegen lieber beim vertrauten Stationsnamen bleiben, wobei man in der Diskussion auch das Argument der Verbundenheit zu Ost-Berlin (wo Johannisthal liegt) ins Feld führte. Schließlich einigte man sich auf die Untertitel-Lösung.

Wegen ihrer geringen Tiefenlage, aber auch dank der Abstimmung von U-Bahn-Bau und Besiedlungsplanung (wie sie in West-Berlin nach dem Krieg einzigartig ist) errichtete man hier überall Empfangsgebäude. Zunächst orientierte sich Rümmler noch an Düttmanns Rechteckbauten, wenn auch die von ihm verwandten Stahlskelette sowie die Verkleidung mit großen emaillierten Stahlblechen viel technizistischer wirken.

Am **Zwickauer Damm** bekam das Eingangshäuschen dann einen unregelmäßigen Grundriß, der in eine neue Richtung wies. Die Stütze inmitten des Raumes war so übrigens nie gedacht, sie umschloß ein Passimeter, von denen leider auch die meisten Rümmlerschen Schöpfungen mittlerweile weggeschafft wurden.

ZWICKAUER
Ausgang
ZWICKAUER DAMM

Ein Plat: an der Sonne
Paulaner Hefe Weißbie

Das ist am Endbahnhof **Rudow**, der erst am 1. Juli 1972 in Betrieb ging, besonders schade: Hier war das Fahrkartenhäuschen als stilisierter U-Bahn-Wagen gestaltet. Waren die großen Asbestzementplatten als Wandverkleidung noch recht sachlich, mochten die gerundeten Deckenkanten kaum auffallen, so zeigte dies eine deutliche Abkehr von moderner Sachlichkeit, hin zu Spielereien, für die in Rudow heute nur noch die Pseudo-Standuhr an der Stirnseite des Zwischengeschosses steht. Neu war damals auch die Gestaltung der Eingänge: Schon Grenander hatte Ende der 20er Jahre die Treppenumwehrungen geschlossen, um Fahrgäste vor allem gegen Spritzwasser zu schützen. Daran gemessen, bedeuteten die von Grimmek eingeführten Stahlstabgitter einen Rückschritt, der in dem architektonischen Streben der 50er Jahre nach Transparenz und Leichtigkeit begründet lag. Nun traten an deren Stelle klobige Granitmauern, die auch mit ihren gerundeten Ecken ganz dem Geschmack der »Seventies« entsprachen.

Eine Reise in die Postmoderne

Aufschlußreicher als eine Fahrt nach Rudow ist freilich eine in die entgegengesetzte Richtung: Vom umgebauten Bahnhof Mehringdamm bis zum Endpunkt Rathaus Spandau gestaltete Rümmler alle Stationen auf der U 7. Zwischen 1966 und 1984 eröffnet, ermöglichen sie eine Reise in die Postmoderne, verdeutlichen sie auf in Berlin einzigartige Weise den Wandel der gestalterischen Moden und des Architekten, der ihnen folgte. Wie der Bahnhof **Mehringdamm**, in dessen Vorhallen man sich an abstrakten Wandbildern aus »Spaltriemchen« versuchte, orientiert sich **Möckernbrücke** noch ganz an den Düttmannschen Stationen. Die Brücke über den Landwehrkanal ist ein schlichter Glaskasten, und auch im neuen Zwischengeschoß unter dem alten Hochbahnhof ist das Dogma der geraden Linien und rechten Winkel unübersehbar. Zusammen mit einer großflächigen Verglasung und dunklen Stahlrahmen wird ebenso unverhohlen wie beim benachbarten Postgiroamt der reife Mies van der Rohe kopiert. Bei der Eröffnung am 28. Februar 1966 lobte man vor allem das dank der vielen Rolltreppen erheblich bequemere Umsteigen als im alten Knotenpunkt Hallesches Tor, wo man außerdem durch einen engen langen Gang rennen muß, statt über eine breite gläserne Brücke zu schreiten.

An der Stelle, an der die U-Bahn an der eigentlichen Möckernbrücke wieder vom Kanal wegschwenkt, veränderte sie ein weiteres Mal das Stadtbild: Statt den Kopfbau des Anhalter Güterbahnhofs – ein Werk Franz Schwechtens – zu unterfahren, riß man seinen Westflügel mitsamt des anschließenden Tortraktes kurzerhand ab. Heute, da der übriggebliebene Ostflügel zum Museum für Verkehr und Technik gehört, denkt man über eine Rekonstruktion nach. Besser erging es da dem S-Bahnhof Großgörschen-, seit einiger Zeit Yorckstraße: Um seinen Damm in extrem spitzem Winkel zu unterqueren, wurde hier die erste Berliner U-Bahn-Strecke im Schildvortriebverfahren angelegt, das erste Mal, daß man diese »bergmännische Bauweise« seit dem Bau des Spreetunnels 1895 bis 1899 in der Stadt überhaupt wieder anwandte. Die beiden Röhren sind aber lediglich 286 Meter lang und so ausgebaut worden, daß nur die Decke rund blieb.

Erheblich größere Ausmaße hat dagegen die unterirdische Anlage am Bahnhof **Berliner Straße**: Im Zuge der hier kreuzenden U 9, deren Verlängerung bis Walther-Schreiber-Platz ebenfalls am 29. Januar 1971 in Betrieb ging, wurde ab 1963 zugleich ein Straßentunnel angelegt, der zwischen den beiden oberen Bahnsteigen verläuft. Ganz ähnlich verfuhr man, bereits ab 1962, am **Bundesplatz**, dessen große Gartenanlage der Tunneleinfahrt geopfert wurde. Die Bahnsteige liegen hier jedoch nicht an der Wand zur Autoröhre, offenkundig, um eine gute Umsteigemöglichkeit zur S-Bahn zu ermöglichen, deren Haltepunkt aber erst 30 Jahre später entsprechend verlegt wurde.

Wie am Südende der U 7 gibt es auch an dem der U 9 von Bahnhof zu Bahnhof eine interessante architektonische Weiterentwicklung: Bundesplatz gleicht noch ganz den Stationen in der Gropiusstadt, **Friedrich-Wilhelm-Platz** besitzt bei gleicher Wand- und Stützenverkleidung schon an großen Stahlauslegern installierte, ursprünglich kugelförmige Leuchten, darüber eine gewölbte Decke. **Walther-Schreiber-Platz** schließlich läuft diese Wölbung nicht längs, sondern quer zum Bahnsteig. Rümmler wollte an die Kappendecken der frühen U-Bahnhöfe erinnern; wie in Rudow sind die Wände mit Asbestzementplatten verkleidet.

Der häßlichste Bahnhof Berlins

Der vorerst letzte Abschnitt, seit 30. September 1974 in Betrieb, weist mit dem für die einst geplante U 10 doppelstöckig ausgeführten Bahnhof **Schloßstraße** so ziemlich die häßlichste Station der Berliner U-Bahn auf: Sichtbeton mit Verschalungsspuren und darauf applizierte Plastikteile bringen alle ästhetischen Schrecken der 70er Jahre zurück, gestaltet ausnahmsweise nicht von Rümmler, sondern von dem Architektenehepaar Schüler-Witte. Sie durften auch das klobige Turmrestaurant (»Bierpinsel«) entwerfen, das man am Nordausgang des Bahnhofs neben die kreuzende Schnellstraßenbrücke klotzte.

Noch monströser war der Bau, den man über dem Endbahnhof **Rathaus Steglitz** errichtete, letzterer laut Rümmler eine Station mit »Großstadtflair«: Die Pleite um den bei der Projektvorstellung 1968 noch als »Super-Europa-Center« und »Riesending am Rathaus Steglitz« bejubelten »Kreisel« war das deutlichste Menetekel für den Bankrott der hoffnungslos übersteigerten Entwicklungsvorstellungen und der bedingungslosen Fortschrittsgläubigkeit der Nachkriegszeit.

Auf dem 1971 eröffneten Abschnitt der U 7 unterscheidet sich zwar jeder Bahnhof deutlich vom anderen, doch blieb Rümmler sachlich. Die gewölbten Decken an der **Eisenacher Straße** dienen nicht nur der Dekoration, sondern wie am Friedrich-Wilhelm-Platz auch der indirekten Beleuchtung. Die aus Gipskästen gebildete Decke an der **Blissestraße**, die wegen der Höhenstaffelung sehr unruhig wirkt, soll wiederum den Schall schlucken. Ein Hinweis darauf, daß die Station schon 1964 entworfen wurde.

Einen ersten grellen Höhe- oder besser Tiefpunkt stellt der einstige, inzwischen schäbig gewordene Endbahnhof **Fehrbelliner Platz** mit seiner kreischigen Buntheit, der aufdringlichen, im Sinne der Zeit »poppigen« Beschriftung und den fast durchweg gerundeten Ecken dar. Dieser Stil setzt sich in dem großen, mit Läden versehenen Zwischengeschoß, vor allem aber in dem knallroten Eingangsgebäude mit grünem Uhrturm auf dem von Bauten aus der Nazizeit umstandenen Platz fort. Besonders stolz war man seinerzeit auf die hier erstmals angelegten Gehrampen und Fahrsteige.

Ein Bahnhof wie eine Theaterkulisse

Auf dem am 28. April 1978 eröffneten nächsten Abschnitt unterquert man die Wilmersdorfer Straße, die erst durch den Bau der U-Bahn (und den Durchbruch der Lewishamstraße) zur ersten Fußgängerzone West-Berlins verunstaltet werden konnte.

Am **Richard-Wagner-Platz**, wo der zwischenzeitliche Endbahnhof wegen der kurz zuvor zur Unterquerung eines ganzen Häuserblocks durchfahrenden Schildvortriebsstrecke sehr tief liegt, erinnert bis auf ein leidlich erhaltenes Eingangsportal nichts mehr an die alte, 1906 eröffnete Station gleichen Namens. In den Vorhallen finden sich dagegen Mosaiken, die einst eine Saaldecke im Vergnügungsetablissement »Alt-Bayern« (auch »Bayernhof«) zierten, dessen Ruine nahe dem Potsdamer Platz um 1970 der neuen Staatsbibliothek weichen mußte. Der Brunnen aus dem Hof wurde dagegen nach Beendigung des U-Bahn-Baus auf dem dafür etwas zu kleinen Platz an der Wilmersdorfer/Ecke Giesebrechtstraße aufgestellt. Erwähnenswert schließlich noch, daß der Bahnhof **Siemensdamm** als Atombunker für 4 500 Personen ausgestattet ist.

Aus dem Zugfenster sieht man, wie sich die Stationen spätestens seit Fehrbelliner Platz nach und nach mit angehefteten Ornamenten, wilden Mustern und grellen Farben füllen. Bilden bis Rohrdamm, wohin die Züge seit 1. Oktober 1980 fahren, wenigstens noch die einfachen, aluminiumverkleideten Stützen und die asphaltierten Böden einen ruhigen Gegenpol, so ist Rümmlers Gestaltungswille spätestens an der **Paulsternstraße** völlig aus dem Ruder gelaufen. Die Stützenverkleidungen sind ebenso mit wilden Mustern übersät wie die Decken, Wände, Böden und die wulstig ausgebildeten Unterzüge. Der ganze letzte Abschnitt bis Spandau, am 1. Oktober 1984 eröffnet, ist so protzig und überladen gestaltet.

Womöglich wollte man den Spandauern, die schon 1905 ihr erstes Interesse an einer U-Bahn-Anbindung bekundet hatten, etwas besonders Gutes tun. Vielleicht dachte man auch, daß es auf die Ausstattungskosten nun auch nicht mehr ankäme: Wegen schwieriger Bodenverhältnisse, besonders im Bereich der zu unterfahrenden Havel, dem gleich danebenliegenden Bahnhof **Altstadt Spandau** und auch in der sich anschließenden Schildvortriebsstrecke, durch die die Spandauer

Altstadt unbeschädigt blieb, war dieser Abschnitt sowieso ungewöhnlich teuer geworden. Natürlich hätte man den Spandau-Anschluß auch schneller und billiger haben können, wenn man – wie bei der Anlage dieses Bahnhofs 1929 geplant – einfach die U 1 von Ruhleben aus verlängert hätte. Aber die Interessen der Berliner Baubranche wogen beim Senat schon immer schwer. Hinzu kamen damals arbeitsmarktpolitische Gründe, als Bonn noch das meiste zahlte und immer ordentlich Geld im Boden versenkt werden mußte. Jedenfalls entschied man sich 1970 für die Nordanbindung auch mit dem Argument, die enormen Verkehrsströme zwischen Siemensstadt/Haselhorst und dem Spandauer Zentrum bedienen zu müssen. Wer jedoch heute hier entlangfährt, passiert halbe Geisterbahnhöfe, auf denen kaum jemand ein- oder aussteigt. Um Geld zu sparen, hätte man die Strecke in dem öden Industriegebiet zwischen Rohrdamm und Zitadelle wenigstens als Hochbahn ausführen können. Doch wie gesagt: Man wollte ja kein Geld sparen, man wollte die Baulobby bedienen.

Für die BVG sind die pompösen Anlagen »Berlins schönste U-Bahnhöfe«. Doch sie werden noch über- bzw. untertroffen von den am 1. Mai 1987 eröffneten Stationen auf der U 8. Bereits zehn Jahre zuvor, am 5. Oktober 1977, war diese Linie bis zur Osloer Straße verlängert worden, wohin die U 9 seit dem 30. April 1976 fuhr. Der dazwischenliegende Bahnhof **Pankstraße** war der erste, der als »Zivilschutzraum« (für etwa 3.300 Personen) ausgebaut wurde und kostete damit prompt doppelt so viel wie eine gewöhnliche U-Bahnstation. Hinter Klappen in den senkrechten Alustreifen an den Wänden verbergen sich Belüftungsschlitze, vor denen im »bewaffneten Konfliktfall« die abgestellten Züge exakt so halten sollen, daß gefilterte Luft in die Wagen gepustet werden kann. Wie lange die Berliner bei einem Super-GAU hier unten aushalten sollen, wurde bislang nicht verraten ...

S. 168/169: Der BVG ganzer Stolz: Renommierbahnhof Rathaus Spandau

Seegefelder Str.
Stabholzgarten

Güldene Abfalleimer

Mit Rümmlers Schaffen schließt sich bei der Berliner U-Bahn nach gut hundert Jahren ein Kreis: Damit, Schnörkel und Muster an die Konstruktionen zu kleben, hatte es begonnen, dort ist man nun wieder angelangt. Im 1984 eröffneten »Burgkeller« des Bahnhofs Zitadelle ist die U-Bahn samt all ihrer technischen Einrichtungen ebenso deplaziert wie im 1913 gebauten Gewölbe am Heidelberger Platz – ein Störenfried in der schönen Architektur, die den Gestaltern zum Selbstzweck geworden ist.

U-Bahnhof Zitadelle:

»Mittelalterliches Ambiente« mit Fahrscheinautomaten

U-Bahn-Eingang, passend zur Umgebung

So kann man auf den jüngsten Stationen wie **Franz-Neumann-Platz** oder **Residenzstraße** kaum den Bahnhofsnamen lesen. Ganz genau sieht man dafür jede eingetrocknete Cola-Pfütze oder festgelatschten Kaugummi, weil man unbedingt helle Bodenplatten benutzen mußte statt des bewährten Asphalts oder der melierten Terrazzofliesen, wie sie in den 50er und 60er Jahren verwendet wurden.

Macht nichts! Dazu ist die immer maßlosere Bunt- und Bewegtheit ja da, deshalb erschlägt ein Detail das andere. Und man kann sich nur wundern, daß Rümmler bislang nicht auf die Idee verfallen ist, auch noch den Gleiskörper anzumalen, wo er doch bereits güldene Überwachungskameras und Abfalleimer kreiert hat.

Ohne Worte (Franz-Neumann-Platz)

Franz-Neumann-Platz
-Am Schäfersee-
6

Nicht nur die Belanglosigkeit der Rümmlerschen Einfälle, all dieser Sternchen, Blümchen, Bäumchen, Tierchen und Sonnen geht in der Kakophonie von Farben und Formen unter. Vielleicht verschwinden in ihr ja auch die geriffelten Blechluken, die da inmitten der auf »edel« getrimmten Bodenfliesen liegen (am Franz-Neumann-Platz auch noch quer zum Rechteckmuster, das in der leichten Kurve am Bahnhofssüdende aber sowieso aus dem Tritt gerät); oder die Metallklappen, die die fröhliche Wandverkleidung ganz schnöde unterbrechen. Und möglicherweise bemerkt auch niemand den schrillen Gegensatz zwischen »nobler« Auskleidung und profanen Plastiksitzen. Oder prüft, womit die Stützen am Bahnhof Residenzstraße wirklich ummantelt sind: was zunächst wie Keramik wirkt, entpuppt sich bei näherer Betrachtung als buntes Blech.

Der Bahnhofsname ist kaum zu lesen.

Zugverkehr
Feuerwehr

Die Phantomlinie

Über eine beliebte Berliner Art der Geldverschwendung

»›Diese Linie kommt bestimmt‹, sagt man beim Bausenator, und fügt hinzu, ›sowie wir das nötige Geld haben‹.« – Dieses Versprechen findet sich in der Silvesterausgabe der »Welt« des Jahres 1962 und harrt bis heute seiner Einlösung.

Das ist aber auch nicht weiter verwunderlich. Das »nötige Geld« für die Verlängerung der U 3 (ab 1994: U 15) fehlt seit nunmehr 80 Jahren. Immerhin war soviel vorhanden, daß man beim Bau des ersten Stadtautobahnabschnitts an der Ostpreußenbrücke schon mal Träger für die U-Bahn-Strecke installieren konnte, die über die Kantstraße mindestens bis zum Theodor-Heuss-Platz gehen soll. Und Anfang der 70er, als mit dem ICC unter der benachbarten Kreuzung Messedamm/Neue Kantstraße/Masurenallee eine große Fußgängerunterführung gebaut wurde, errichtete man darunter ein dreiteiliges Tunnelstück. Dem hier vorgesehenen Bahnhof kann es jedoch, anders als immer berichtet, kaum dienen: Zur Auto- und S-Bahn hin fällt es stark ab, außerdem gibt es in der Decke nur ein kleines Loch für eine Behelfstreppe, jedoch keine Öffnungen für einen richtigen Bahnsteigzugang.Hoffentlich wird man es, wenn für die Linie irgendwann einmal »das nötige Geld« vorhanden sein wird, überhaupt noch brauchen können.

Mochten auch die Bauherrn der U-Bahn wechseln, ihre Streckenkonzepte platzen, Herrschaftssysteme kommen und gehen, sich die politische und wirtschaftliche Lage Berlins grundlegend ändern – Tunnel auf Vorrat zu bauen, entwickelte man zu einer lokalen Tradition. Es handelt sich ja auch um eine bemerkenswert perfide Art der Geldverschwendung: Stets lautet das Argument, damit doch prima sparen zu können, weil man später, wenn die Strecken gebaut werden, keine komplizierten Unterfahrungen oder Umbauten mehr vornehmen müßte. Dumm bloß, daß diese Strecken dann nie entstehen.

Von allen »Vorinvestitionen«, die in mehr als 80 Jahren in Berlin getätigt wurden, ist nur die Stummelstrecke zur Uhlandstraße jemals dauerhaft in Betrieb gegangen, und zwar gleich nach ihrer Fertigstellung 1913. Eine glückliche Ausnahme ist es auch, wenn man die überflüssigen Betonröhren wenigstens anderweitig nutzen kann – wie am Moritzplatz, in dessen toten, für die längst vergessene Linie Moabit-Neukölln/Treptow angelegten Teil zu Mauerzeiten die Alliierten Krieg gespielt haben sollen. Derartige Gerüchte florierten in der Frontstadt, da sowohl der Senat als auch die Militärregierungen zum Thema »tote Tunnel« meist bedeutungsvoll schwiegen. Die BVG installierte hier 1984 ein Gleichrichterwerk. Ein anderes Beispiel ist der Bahnhof Turmstraße, wo man den für die U 5 gebauten Bahnhofsteil Anfang der 80er Jahre für einen weiteren Ausgang verwendete, der das Umsteigen zum Bus erleichtert.

Fertigstellung: 1913 oder 1970 oder...

Anderes dämmert dagegen seit Jahrzehnten still vor sich hin. So weiß kaum jemand, der in einem Zug zwischen Nollendorf- und Wittenbergplatz sitzt, daß er dabei einen toten Tunnel überquert: nämlich die schon vor dem Ersten Weltkrieg angelegte Unterfahrung für das von Uhlandstraße kommende Gleis, das bis heute gleich hinter Wittenbergplatz in den Schienenstrang zum Schlesischen Tor mündet. Doch vielleicht wird die Linie doch noch einmal Richtung Lützowplatz verlängert, möglicherweise, wenn das »Kulturforum« zwischen Kemperplatz und Potsdamer Brücke fertig ist. Dessen Vollendung war im Sommer 1963 für das Jahr 1970 angekündigt worden, bis dahin wollte man dann auch die U-Bahn gebaut haben ...

Vielleicht bekommt auch ein weiteres U 3/U 15-Stück, in den 70er Jahren unter dem betriebenen Bahnhof am Adenauerplatz angelegt, irgendwann einen Sinn, wird doch noch die U-Bahn zum Flughafen Tegel gebaut und der tote Teil des Bahnhofs Jungfernheide aktiviert oder die U 1 von Ruhleben bis zum Rathaus Spandau geführt. Letzteres hatte man zwar in den 60er Jahren für einen unsinnigen Verkehr parallel zur S-Bahn und durch recht totes Gebiet gehalten und statt dessen den Anschluß via Siemensstadt und Haselhorst verfügt. Aber wo man sich nun schon mal diesen teuren Umweg leistete, baute man auch gleich den Endpunkt Rathaus Spandau viergleisig aus. Die Tröge für die Schienen der U 1 ließ man jedoch wohlweislich leer ...

Manchmal kommt es ganz dick: Die »auf Vorrat« angelegten Bahnhofsteile am Kleistpark und am Innsbrucker Platz sowie die viergleisige Ausführung des Bahnhofs Schloßstraße, einschließlich der komplizierten Überwerfungsbauwerke davor und dahinter, dürften für alle Zeit überflüssig sein. Sie sind nicht nur Zeugnisse einer überzogenen, weder den Perspektiven der Stadtentwicklung noch den finanziellen Möglichkeiten angepaßten U-Bahn-Planung der 50er bis 70er Jahre. Die nicht existierende U 10 ist in ihrem West-Berliner Abschnitt auch eine typische Sumpfblüte der Frontstadtpolitik, eine U-Bahn-Linie parallel zur meist nur wenige hundert Meter entfernten Wannseebahn (heute S 1), der man damals wegen Ostregie das Wasser abgraben wollte.

Mitunter versuchen Zweckoptimisten, sich auf Ernst Reuter zu berufen. Der spätere Regierende Bürgermeister habe schließlich schon 1929, als Stadtrat für Verkehr, einen umfangreichen Ausbauplan für die Berliner U-Bahn vorgelegt und abgesegnet bekommen, in dem die Verbindung Alex-Steglitz enthalten gewesen sei. Doch dabei wird geflissentlich übersehen, daß die Metropole Berlin damals nicht nur kontinuierlich wuchs, sondern auch stetig steigende Fahrgastzahlen im öffentlichen Nahverkehr zu verzeichnen hatte. In der abseits gelegenen Mauerstadt West-Berlin wuchs dagegen vor allem die Zahl der Pkw, die Einwohnerschaft schrumpfte im Laufe der 70er Jahre ganz erheblich, während man munter damit befaßt war, Millionen für die U 10 im Boden zu versenken.

Ausgerechnet 1984, als der Bau der Linie beginnen sollte, ging der S-Bahn-Betrieb in West-Berliner Hände über. Während vom Alexanderplatz, wo man die unterste Bahnhofshalle dafür schon in den 20er Jahren viergleisig ausgebaut hatte, vielleicht wirklich einmal Züge nach

»Vorinvestition« am ICC

Der Rohbau im Zuge Masurenallee/Neue Kantstraße besteht aus drei Paralleltunneln.

Weißensee fahren werden, ist der auf West-Berliner Gebiet liegende Abschnitt der U 10 inzwischen aus allen, auch langfristigen, Konzepten verschwunden, die früher auch als »Linie F« bezeichnete Strecke nur noch eine Phantomlinie.

Der leere Gleistrog am Rathaus Spandau

Hat man aus all dem gelernt?

Hinter dem Bahnhof Pankow-Vinetastraße begnügte man sich nicht nur damit, den vom Mauerfall überrollten Tunnelbau fertigzustellen, ist doch sowieso seit langem die Verlängerung der Strecke bis zur Breiten Straße geplant. Nein, man baute auch den Tunnel unter dem Tunnel, der die Gleise zu der zu DDR-Zeiten vorgesehenen und mit der Wiedervereinigung überflüssig gewordenen Betriebswerkstatt an der Granitzstraße ausschwenkt.

Ebensowenig konnte man es sich verkneifen, bei der Wiederherrichtung der Strecke zwischen Potsdamer Platz und Gleisdreieck die bestehende, erst wenige Jahre alte Rampe abzureißen und in anderer Form neu zu bauen, um eventuell irgendwann einmal einen Bahnhof Hafenplatz zu errichten, der natürlich nicht in der Neigung liegen dürfte. (Eine besonders interessante Idee, da dann wahrscheinlich gerade der letzte Wagen des Zuges die Station Hafenplatz verlassen würde, wenn der erste Wagen schon in die Station Potsdamer Platz einfährt.)

Und das wenige Geld, das in den nächsten Jahren für den öffentlichen Nahverkehr zur Verfügung steht und dringend für die Modernisierung der Straßenbahn und den Wiederaufbau durchtrennter oder verrotteter S-Bahn-Strecken benötigt würde, soll wieder in die Erde versenkt werden. Verplant für U- und S-Bahn-Tunnel, die durch das künftige Regierungsviertel und zur großen ICE-Station an Stelle des Lehrter Bahnhofs führen sollen. Da für diese Teilstrecken erst einmal kaum Bedarf, vor allem aber kein Geld für ihren vollen Ausbau vorhanden ist, sollen die Tunnel jedoch nur im Rohbau fertiggestellt werden. Inbetriebnahme: ungewiß.

Der Autor

Jan Gympel, 1966 geboren, aufgewachsen und als freier Journalist tätig in Berlin. Lehrjahre bei der alternativen Kreuzberger Stadtteilzeitung »Südost-Express«. Schreibt heute hauptsächlich für »zitty«, »Der Tagesspiegel«, »Berliner Stimme« und »Wochenpost«.
Weiteres ELEFANTEN-PRESS-Buch:
»Krumme Touren – Mit der Straßenbahn durch Berlin« (1992).

Region Berlin
Schnellbahnnetz

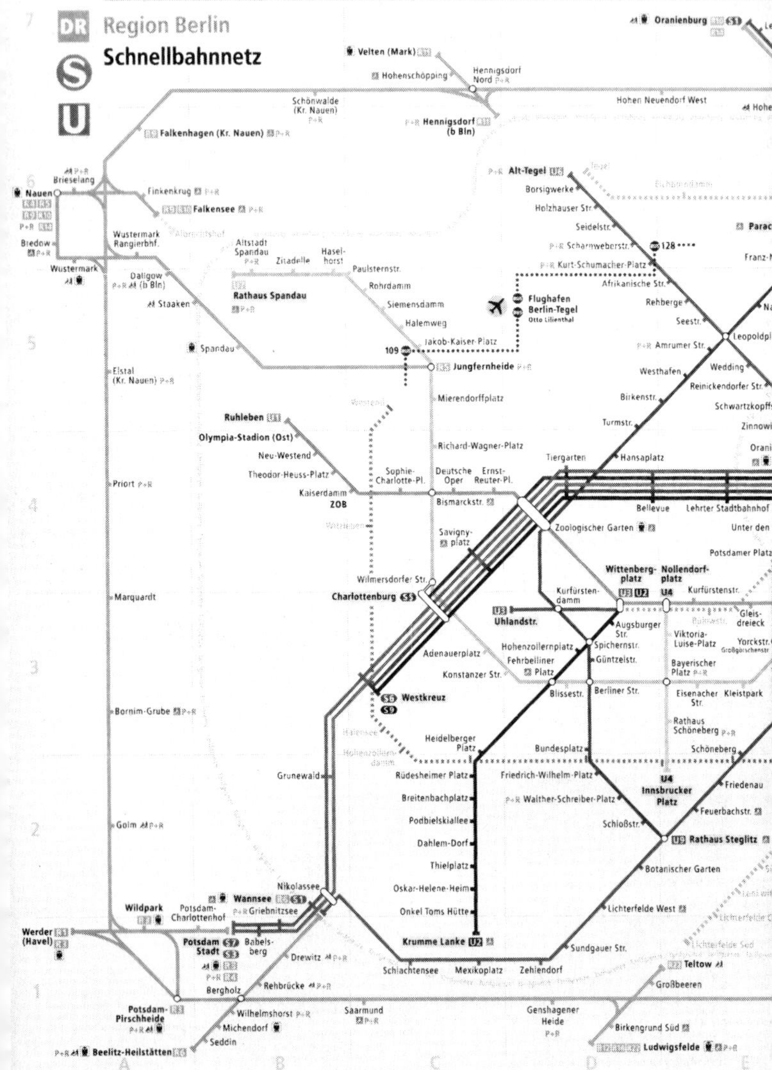

Werder ◄► Königs Wusterhausen
Wünsdorf ◄► Flughafen Berlin-Schönefeld
Werder ◄► Potsdam Stadt
Wildpark ◄► Potsdam-Pirschheide
Nauen ◄► Potsdam Stadt
Nauen ◄► Jungfernheide
Beelitz-Heilstätten ◄► Wannsee

Lichtenberg ◄► Werneuchen
Basdorf ◄► Karow
Nauen ◄► Falkenhagen/Falkensee
Nauen/Falkensee/Oranienburg ◄► Lichtenberg
Velten ◄► Hennigsdorf
Ludwigsfelde ◄► Schöneweide

Karlshorst/Erkner ◄► Fürstenwalde
Nauen/Oranienburg ◄► Ludwigsfelde
Lichtenberg ◄► Strausberg
Lichtenberg ◄► Königs Wusterhausen
Bernau ◄► Lichtenberg
Ludwigsfelde ◄► Teltow

S1 Wannsee ◄► Oranienbur
S2 Schönholz ◄► Blankenfe
S3 Potsdam Stadt ◄► Erkne
S5 Charlottenburg ◄► Strau
S6 Westkreuz ◄► Königs Wu
S7 Potsdam Stadt ◄► Ahren

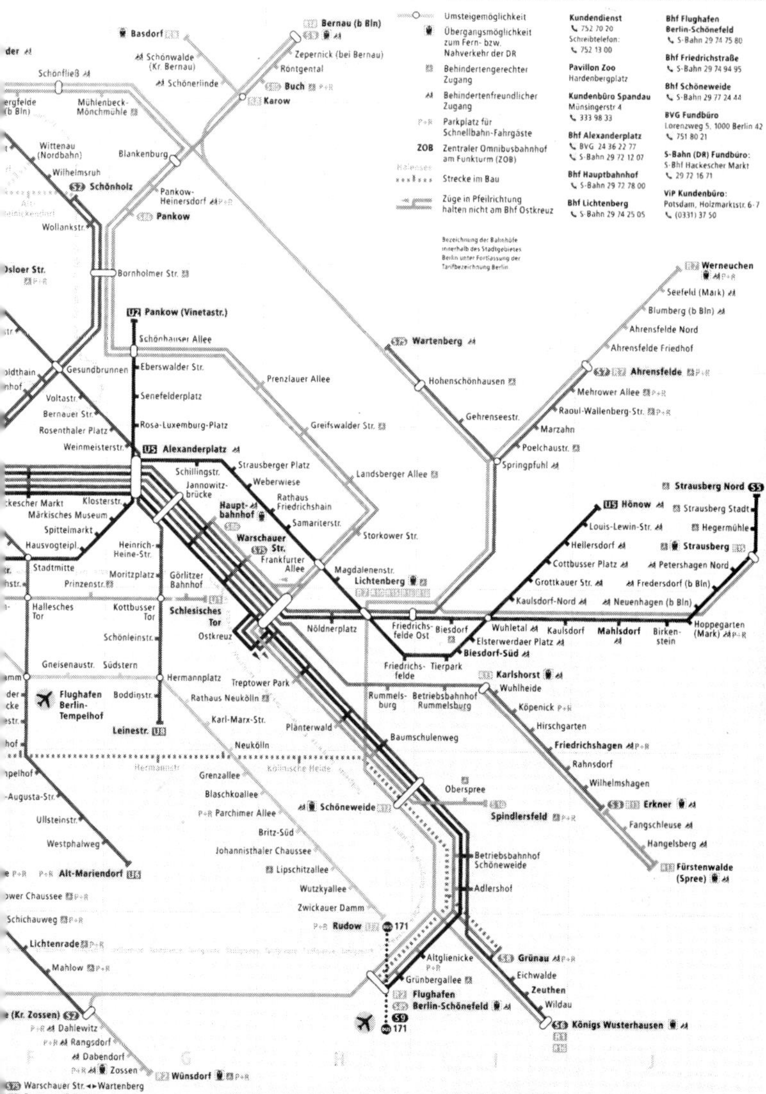

Warschauer Str.◄►Wartenberg
Bernau◄►Grünau
Buch◄►Flughafen Berlin-Schönefeld
Pankow◄►Hauptbahnhof
S9 Westkreuz◄►Flughafen Berlin-Schönefeld
Birkenwerder◄►Spindlersfeld

Ruhleben◄►Schlesisches Tor
U2 Krumme Lanke◄►Wittenbergplatz
U2 Mohrenstr.◄►Pankow (Vinetastr.)
U3 Uhlandstr.◄►Wittenbergplatz
U4 Nollendorfplatz◄►Innsbrucker Platz

U5 Alexanderplatz◄►Hönow
U6 Alt-Tegel◄►Alt-Mariendorf
Rathaus Spandau◄►Rudow
U8 Paracelsus-Bad◄►Leinestr.
U9 Rathaus Steglitz◄►Osloer Str.

Stand: 23. Mai 1993
Herausgeber:
BVG, Hauptabteilung
Verkehrsverwaltung